우리 아이 평생 우등생 만드는

초등학교 공부법

우리 아이 평생 우등생 만드는

초등학교 공부법

초판 1쇄 펴냄 | 2007년 12월 20일
초판 4쇄 펴냄 | 2011년 1월 20일

지은이 | 조호현
펴낸이 | 김선영
펴낸곳 | 책으로여는미래

출판등록 | 제396-2008-000066호
주소 | (우)410-755 경기도 고양시 일산동구 중산동 1800 하늘마을 5단지 509-1801
전화 | (031) 818-9917
팩스 | (031) 818-9913
E-mail | bookever@empal.com

ISBN 978-89-958770-5-0 13370
ⓒ 조호현

책으로여는미래
좋·은·책·이·좋·은·미·래·를·열·어·갑·니·다

우리 아이 평생 우등생 만드는

초등학교
공부법

조호현 지음

책으로여는미래

공부 방법만 바꾸면
누구나 우등생이 될 수 있다

그동안 영재 소리를 듣는 초등학교 아이부터, 사법 시험을 준비하는 대학원생에 이르기까지 우리나라에서 공부 잘한다는 사람들은 모두 가르쳐 보았다.

그러면서 그들 우등생들의 공부 방법에 몇 가지 공통점이 있다는 사실을 발견했다. 그 공통점은 초등학교 아이부터 대학원생에 이르기까지 한결같았는데, 주로 다음 5가지로 정리할 수 있다.

1. 생각하는 공부를 한다.
2. 복습보다는 예습을 많이 한다.
3. 완전히 이해할 때까지 묻고 또 묻는다.
4. 정답 자체보다 정답의 이유를 찾는다.
5. 공식을 무조건 외우는 것이 아니라, 공식의 원리를 찾는다.

생각하는 공부

공부 잘하는 아이들은 무조건 외우는 경우가 없다. 단순 암기 과목을 공부할 때도 원리나 연상법을 이용해 쉽고 빠르게 외우려고 노력한다. 그러다보니 언제나 다른 사람들보다 더 짧은 시간에 더 많은 것을 정확하게 외울 수 있는 것이다.

복습보다는 예습을

공부 잘하는 아이들은 반드시 예습을 한다. 미리 충분한 예습을 한 뒤 수업을 듣는 것이 습관화 되어 있는데, 예습을 하는 동안 중요한 것들을 점검하고, 수업 시간에 집중해서 들어야 할 부분과 질문할 내용들을 미리 정리하는 것이다.

묻고 또 묻는다

공부 잘하는 아이들은 공통적으로 질문이 많다. 이들은 '모르면 무조건 묻는다' 는 생각을 갖고 있다. 그리고 질문은 완전히 이해할 때까지 계속된다. 그러다보니 정확히 이해하지 못했는데 그냥 넘어가는 경우가 전혀 없고, 경우에 따라 이들의 질문으로 인해 즐거운 토론 시간이 만들어지기도 한다.

정답만 찾지 않고 정답의 이유를 찾는다

공부 잘하는 아이들은 문제집을 풀 때도 정답을 찾는 데만 만족하지 않는다. 대신 정답이 왜 정답인지 그 이유를 더 중요하게 생각한다. 그러다보니 다른 보기들이 정답이 아닌 이유에 대해서도 알려고 한다. 단한 문제를 풀더라도 '완전 학습' 을 하는 것이다.

공식을 무조건 외우는 것이 아니라, 공식의 원리를 찾는다

공부 잘하는 아이들은 공식을 무조건 외우지 않는다. 대신 공식의 원리를 알아내려고 노력한다. 원리를 모른 채 공식만 외울 경우 문제가 변형되거나 응용 문제를 만나면 당황하게 되지만, 공식의 원리를 알게 되면 아무리 문제가 변형되어 나와도 어렵지 않게 된다.

지금까지 살펴본 것이 이른바 공부 잘하는 아이들의 공부 방법이다. 그렇다면 공부를 못해 엄마들의 속을 태우는 아이들은 어떻게 공부할까? 실제로 나는 공부를 못하는 아이들도 가르쳐 보았다. 그 아이들 역시 나름대로 공통점이 있었는데, 다음 5가지로 요약할 수 있다.

1. 이해하기보다 무조건 외우려 든다.
2. 늘 복습만 하다가 공부를 끝낸다.
3. 몰라도 묻지 않는다.
4. 왜 정답인지 궁금해하지 않는다.
5. 원리는 모르는 채 공식만 외운다.

공부를 잘하는 아이와 못하는 아이는 여러 가지 면에서 다르겠지만, 가장 근본적인 차이는 공부 방법에 있다. 그러므로 아이가 공부를 못해 걱정인 엄마라면, 오늘 당장 아이가 어떤 방법으로 공부하는지 자세히 살펴볼 필요가 있다. 틀림없이 위의 다섯 가지 공통점에 해당하는 것을 많이 가지고 있을 것이다.

우등생과 열등생은 공부 방법이 다르다. 따라서 공부 방법만 바르게 잡아 준다면 어떤 아이라도 우등생이 될 수 있다.

이 책은 어떤 아이라도 공부 방법을 바꾸기만 하면 우등생이 될 수 있는 여러 가지 방법들을 제시해 놓았다. 부디 많은 엄마들에게 큰 도움이 되었으면 하는 바람이다.

2007년 11월 30일 신림동 연구실에서 • 조호현

| 차례 |

머리말 · 공부 방법만 바꾸면 누구나 우등생이 될 수 있다

1장 우등생과 열등생은 공부 방법이 다르다

| 01 | 초등학교 우등생이 평생 우등생 · 12
| 02 | 초등학교 4학년, 평생 성적의 갈림길 · 17
| 03 | 우등생과 열등생은 공부 방법이 다르다 · 22
| 04 | 공부하기 싫어하는 데는 반드시 이유가 있다 · 27
| 05 | 수업 시간이 즐거운 아이가 되게 하라 · 32
| 06 | 유태인 엄마들에게 배우는 질문의 지혜 · 40
| 07 | 복습보다 예습이 효과적이다 · 47
| 08 | 천재들의 공부법 · 50
| 09 | 짜투리 시간을 잘 활용하는 방법 · 54
| 10 | 문제집을 이용해 아이 실력 두 배로 높이기 · 60
| 11 | 우등생의 필수품, 오답 노트 · 63

2장 평생 우등생을 위한 책 읽기와 글쓰기

| 01 | 아이의 평생 힘이 되어주는 독서 · 68
| 02 | 독후감보다는 독서 일기를 쓰게 하자 · 76

|03| 아이와 함께 교과서를 읽자 • 80
|04| 글 잘 쓰는 아이가 공부 잘한다 • 83
|05| 글 잘 쓰는 아이로 만드는 4단계 논술 공부법 • 86
|06| 우등생의 필수 조건, 메모 노트 • 92
|07| 초등학교 맞춤법 실력이 평생 간다 • 95

3장 글로벌 우등생을 위한 영어 공부법

|01| 행복한 영어 공부법 • 100
|02| 영어 동화책 읽어주기 • 105
|03| 외국어에 관심을 갖게 해주는 외국 문화원 • 109
|04| 영어, 놀이가 되게 하라 • 114
|05| 큰 소리로 많이 읽게 하라 • 118

4장 우등생 중의 우등생을 위한 수학 공부법

|01| 수학을 왜 배워야 하는지 아이 스스로 느끼게 하라 • 126
|02| 수학의 원리를 이해하라 • 130

|03| 수학 우등생이 되기 위한 밑거름, 큰 수 읽기 · 134
|04| 분수의 사칙연산을 마스터해야 할 초등 5학년 수학 · 138
|05| 도형에 대한 개념 정확히 이해하기 · 145
|06| 문장제 문제를 잘 풀어야 진짜 수학 우등생 · 149
|07| 수학이 즐거운 아이들 · 153
|08| 광고지를 이용한 재미있는 기초 계산력 훈련 · 157
|09| 아이의 집중력이 높은 시간에 수학을 공부하라 · 163

5장 행복한 우등생을 위한 부모 역할론

|01| 엄마 아빠에게 인정받고 싶어하는 아이들 · 170
|02| 아이를 변화시키는 칭찬의 기술 · 175
|03| 우등생들의 필요충분조건, 대화 · 180
|04| 검사가 아니라 애정어린 학습 점검이 필요하다 · 184
|05| 우등생과 텔레비전 · 188
|06| 때론 친구 같은 부모가 되라 · 193
|07| 엄마 아빠가 공부하는 모습을 보여주라 · 197

우등생과 열등생은 공부 **방법이 다르다**

1

초등학교 우등생이 평생 우등생

초등학교 4학년, 평생 성적의 갈림길

우등생과 열등생은 공부 방법이 다르다

공부하기 싫어하는 데는 반드시 이유가 있다

수업 시간이 즐거운 아이가 되게 하라

유태인 엄마들에게 배우는 질문의 지혜

복습보다 예습이 효과적이다

천재들의 공부법

짜투리 시간을 잘 활용하는 방법

문제집을 이용해 아이 실력 두 배로 높이기

우등생의 필수품, 오답노트

초등학교 우등생이 평생 우등생

　20여 년 전만 해도 초등학교와 중학교 공부는 그다지 중요하게 생각하지 않았다. 중요한 것은 고등학교 성적이었고, 고등학교 성적에 따라 진학하는 대학이 결정되었다.

　그러다보니 "우리 애가 초등학교 때는 늘 100점을 맞았는데…"라든가, "우리 애가 중학교 때까지만 해도 공부를 꽤 잘했는데…"와 같은 말은 별 의미가 없었다. 오직 승부는 고등학교 때 결정되었기 때문이다. 심지어 어떤 대학에서는 고등학교 3학년 성적만으로 실력을 판단하기조차 했다.

　또한 공부에는 전혀 관심도 없던 아이가 고3이 되어서야 이른바 정신을 차리고 1년 동안 열심히 공부한 결과, 서울대에 합격했다는 이야기도 주변에서 어렵지 않게 들을 수 있었다.

그렇다면 지금은 어떨까? 분명히 말하지만, 예전과는 상황이 많이 달라졌다. 한마디로 말해 초등학교 때부터 공부를 잘하는 아이가 고등학교 때도 잘하고, 결국 명문 대학에 들어간다는 것이다. 그렇다면, 그 이유는 무엇일까? 예전과 무엇이 달라졌기 때문일까?

엄마가 어렸을 때와는 전혀 다른 세상에 사는 아이들

이것은 여러 가지 사회·문화적 요인 때문인데, 지금의 아이들이 살고 있는 문화는 부모 세대가 아이였을 때와 너무나 다르다.

지금도 엄마들 가운데는 '중학교 올라가면 실컷 공부할 텐데 초등학교 때 좀 놀게 하지, 뭐' 하고 생각하는 사람들이 있다. 사실 참 좋은 말 같지만, 이런 생각은 엄마가 아이였던 시대에나 맞는 이야기다.

왜냐하면 우선 사회 구조가 바뀌었기 때문이다. 예전에는 엄마들이 집에서 살림을 하고 아이를 돌보는 경우가 대부분이었지만, 이제는 엄마들이 맞벌이를 하느라 낮 동안 아이들을 돌보지 못하는 경우가 많다. 그러므로 아이들은 실컷 논다기보다, 부모의 아무런 지도 없이 방치되는 꼴이 되기 쉽다.

그리고 아이들의 놀이 문화도 크게 바뀌었기 때문이다. 엄마들이 어렸을 때는 열심히 논다는 것이, 산과 들을 뛰어다니며, 흙장

난을 하고, 냇가에서 놀고, 아이들과 숨바꼭질을 하며 그야말로 하루 종일 몸을 움직이는 것이었다.

자연속에서, 그리고 사람과 어울려 노는 이러한 놀이는 아이들의 뇌 발달을 도와주고, 건강한 생각을 키우는 데 많은 도움을 주었다. 그래서 초등학교 때 자연속에서 친구들과 실컷 놀다가 중·고등학교 때 공부를 시작해도 늦지 않을 수 있었다.

하지만 지금의 아이들은 어떤가? 놀이 장소는 자연이 아닌 컴퓨터와 인터넷 가상공간으로 바뀌었고, 놀이 대상도 사람과 어울려 노는 것이 아니라 게임 속의 캐릭터나 인터넷 상의 익명의 누군가로 바뀌었다.

또한 열심히 몸을 움직이며 노는 것이 아니라, 컴퓨터 화면에 눈을 고정한 채 손가락으로 마우스만 클릭할 뿐이다. 무엇보다 컴퓨터 게임, 인터넷 게임과 같은 요즘의 놀이는 중독성이 강해서 자기 조절능력이 부족한 아이들을 한없이 빠져들게 만든다.

컴퓨터나 인터넷 게임에 빠지기 시작하면, 아이들은 얼마나 오래 게임을 했는지, 숙제가 뭐가 있는지 완전히 잊은 채 오로지 게임을 중심으로 생각이 움직이게 된다.

그 결과, 아이들은 초등학교 때 실컷 놀고 중학교에 가서 정신 차리고 공부하는 것이 아니라, 초등학교 때 열심히 하던 게임을 중·고등학교에 가서도 더욱 중독적으로 하게 되고 마는 것이다. 그러면서 좀 더 자극적이고 짜릿한 게임을 찾게 되고, 공부는 더욱 멀리하게 되고 만다.

그러므로 이제는 아이들을 실컷 놀게 해주려면 맞벌이로 피곤한 부모가 주말에 아이를 위해 따로 시간을 내서 야외로 놀러 간다거나, 아이와 함께 체험 학습장을 찾는 식의 '엄청난 배려와 기술'이 필요한 시대가 되고 만 것이다.

평생 공부의 밑거름이 되는 초등학교 실력

오늘날 학습에 있어 가장 공을 들여 지도하고 관심을 가져야 할 시기는 바로 초등학교 때다. 초등학교 때 학습 지도를 잘 해놓으면 중·고등학교에 올라가 스스로 공부할 수 있는 힘을 가질 수 있기 때문이다.

초등학교 공부가 중요한 이유 가운데 두 가지를 꼽는다면 다음과 같다.

첫째, 초등학교 때 공부의 재미를 맛보는 것이 무척 중요하기 때문이다. 고기도 먹어 본 사람이 먹는다는 말이 있듯이, 공부도 재미를 느낀 아이가 공부를 하게 된다. 그런데 초등학교 시기는 아이에게 공부의 재미를 맛보게 하기에 아주 좋은 시기다.

왜냐하면 중·고등학교에 비해 학습의 양이 가볍고 내용도 비교적 어렵지 않은 데다, 이 시기에 아이들은 가장 왕성한 지적 호기심을 가지기 때문이다. 그러므로 이때 아이에게 공부의 즐거움과 재미를 맛보게 할 수만 있다면, 아이는 엄마의 강압에 의해서가 아니라 스스로, 재미있어서 공부를 하게 된다. 그리고 공부가 즐거운 것이라는 생각을 잠재 의식 속에 갖게 된다.

둘째, 공부도 일종의 습관이고 태도이기 때문이다. 따라서 아이의 생활습관이 대부분 만들어지는 초등학교 때 좋은 공부 습관과 태도가 몸에 배도록 하면, 아이는 중·고등학교에 가서도 어렵지 않게 공부할 수가 있게 된다. 초등학교 때 몸에 밴 좋은 공부 습관과 태도가 평생 공부의 밑거름이 되어 주기 때문이다.

우등생들의 7가지 공통점

1. 일기를 쓴다.
2. 복습보다 예습을 중요하게 생각한다.
3. 책을 많이 읽는다.
4. 도서관을 내 집처럼 이용한다.
5. 텔레비전을 많이 보지 않는다.
6. 공부방이 늘 정리되어 있다.
7. 자기 의사표현을 잘한다.

초등학교 4학년
평생 성적의 갈림길

초등학교 3학년 때까지는 사실 공부를 잘하고 못하고의 구별이 거의 없다. 어제까지만 해도 늘 빵점 맞던 아이가 오늘 하루 열심히 공부하면 다음날 100점을 맞을 수 있는 것이 저학년 교과서 수준이기 때문이다.

따라서 저학년 아이들은 공부를 못한다는 사실을 별로 부끄러워하지도 않고, 오히려 공부 못한다는 것을 자랑스럽게 떠벌리기도 한다. 스스로 생각해도 마음만 먹으면 언제든지 100점을 맞을 수 있다고 느끼기 때문이다.

그런데 4학년이 되면 사정이 달라진다. 교과서 내용이 한층 어려워진다. 초등학교 4학년 수학 문제를 풀려다가 아이에게 망신을 당했다는 엄마들의 이야기를 심심찮게 들을 수 있는 것도 바로 이 때문이다.

이처럼 4학년부터 교과서 수준이 급격하게 높아지다 보니, 저학년 때처럼 하루 열심히 공부한다고 해서 빵점 맞던 아이가 다음날 100점을 받게 되는 경우는 없어지고 만다.

대신 아이들 사이에서 공부 잘하는 아이와 못하는 아이가 조금씩 나뉘기 시작하고, 공부 잘하는 아이들은 은근히 스스로를 자랑스럽게 여기고, 공부 못하는 아이들을 무시하기도 한다. 물론 공부 못하는 아이들은 기가 죽기 시작한다.

자신감 또는 패배감을 경험하게 되는 초등 4학년

교육학자들은 어린 아이가 세상에 태어나 가장 직접적이고 이성적으로 경험하는 패배 의식 또는 우월 의식을 초등학교 4학년 무렵에 갖게 된다고 말한다. 이때 공부를 잘하는 아이는 자신이 똑똑하고 뛰어나다는 우월 의식을 경험하게 되고, 공부를 못하는 아이는 자신을 못나고 어리석은 사람으로 여기는 패배 의식을 갖게 된다.

이런 경험을 하게 되면서 아이들은 더 열심히 노력하게 되는데, 공부를 잘하는 아이들은 더 잘하려고 노력하고, 못하는 아이들도 나름대로 잘해 보려고 노력하게 된다. 이것은 특별한 경우가 아니면 모든 아이들이 공통적으로 거쳐가는 과정이다. 물론 정도는 조금씩 다르겠지만 말이다. 그런데 바로 이때, 곧 아이가 태어나 최초로 패배 의식 또는 우월 의식을 경험하게 되고, 그 자극을 통해 열심히 공부를 해야겠다고 느끼는 그 즈음, 만약 엄마가 이것을 잘 알아차려 지혜롭게 도와준다면 어떻게 될까? 잘하는 아이는 더 잘하게 될 것이고, 못하는 아이도 잘하게 될 것이다.

문제는 공부와 관련해 생애 최초로 패배를 경험하는 아이들이다. 이런 아이들이 겪게 되는 패배적 경험이란, 낮은 시험 점수나 교사의 질문에 제대로 답을 못해 친구들 앞에서 비웃음이나 망신을 당하는 따위로 흔히 나타난다. 그러면 아이는, 우둔한 엄마가 눈치 채지 못 하는 사이 생애 최초의 패배 의식을 경험하게 되고, 역시 엄마가 눈치 채지 못하는 사이 혼자 해결해보려고 무척 애를 쓰게 된다.

그렇지만 대부분의 경우 아이가 그 상황을 혼자 이겨 나가기란 거의 불가능하다. 결국 아이는 점점 더 자주, 그리고 더 큰 패배를 경험하게 되고, 이러한 경험이 되풀이되다가 어느 순간 형편없는 성적이 마침내 겉으로 드러나고 마는데, 엄마가 알아차리는 순간은 바로 이때인 경우가 많다.

문제는, 엄마는 그동안 아이가 혼자서 겪어야 했던 경험에 대해서는 전혀 알지 못한다는 사실이다. 그렇다고 아이가 그동안의 경험을 엄마에게 조리 있게 설명한다는 것도 불가능하다. 그러다보니 엄마는 눈에 쉽게 보이는 성적이라는 단 한 가지 기준으로 아이를 판단하게 되고, 그 해결책 역시 성적을 올리는 방법으로만 쏠리게 된다.

이제 엄마는 아이의 공부 문제에 적극적으로 개입하기 시작한다. 아이를 학원에 보내고, 과외를 시키고, 급하면 자신이 직접 데리고 앉아 공부를 가르치기도 한다.

하지만 너무 늦어버린 경우가 많다. 아이는 이미 자기 자신을 공부 못하는 아이로 낙인찍어 버린 뒤이기 때문에 자신감이 많이 떨어져 버린 상태일 가능성이 많다. 그 결과 아이는 무엇을 하더라도 자신감 있게 시작하지 못하고 늘 주저하는 모습을 보이게 된다.

그런데 중요한 사실은, 이러한 현상이 중·고등학교를 거쳐 대학, 심지어 사회인이 되어서까지 영향을 미친다는 것이다. 초등학교 4학년 학습이 평생 성적을 좌우한다고 하는 것은 바로 이 때문이다.

언젠가 서울대학교에서 수학을 못하는 학생들과 잘하는 학생들, 이렇게 두 집단으로 나누어 몇 가지 특징을 조사한 적이 있다. 그러자 재미있는 결과가 나왔는데, 수학을 재미있어 하고 잘하는 학생들은 초등학교 4학년 때부터 본격적으로 공부한 분수 계산을 무척 쉽고 재미있는 것으로 기억하고 있고, 수학을 못하는 학생들은 수학에 관해 가장 안 좋은 기억으로 꼽은 것이 초등학교 4학년 때 공부한 분수의 사칙연산으로, 분수를 무척 어렵고 재미없는 것으로 기억하고 있다는 사실이었다.

이것은 교육 전문가들이 내세우는 이론과도 비슷하다. 수학의 경우, 초등학교 4학년 때 분수를 쉽게 이해하고 분수 문제를 잘 푼 아이들은 중·고등학교에 가서도 수학을 잘하게 되고, 반대로 분수를 어려워한 아이들은 중·고등학교에 올라가서도 분수가 들어 있는 수학 문제만 나오면 막연히 어렵다고 생각해 미리 포기해 버리는 경향이 강하다는 것이다.

이처럼 초등학교 공부가 아이에게 미치는 영향은 생각보다 무척 크다. 이것은 초등학교 때 공부에 대한 전반적인 큰 틀이 만들어지기 때문이다. 그러므로 아이가 공부에 대해 심한 패배감을 경험하지 않도록 지혜롭게 관심을 가져줄 필요가 있다.

초등학교 때 아이가 경험해야 할 것은 패배감이 아니라 '공부에 대한 풍부한 성공 경험'이다. 공부를 잘해 교사나 부모에게 칭찬을 받는다거나, 학교에서 상을 받고, 이런 저런 자격증을 따는 것들이 공부와 관련한 성공 경험이라 할 수 있다.

이런 성공 경험이 많은 아이들은 공부에 대해 늘 자신감을 가지게 되고, 그 자신감은 중·고등학교는 물론 대학생이 되고 사회인이 되어도 그대로 이어지게 된다.

우등생과 열등생은 공부 방법이 다르다

똑같이 공부하는데 어떤 아이는 100점을 맞고 어떤 아이는 60점을 맞는다면 두 아이의 차이점은 무엇일까? 지능지수가 달라서일까? 물론 지능지수가 미치는 영향도 어느 정도 있을 것이다. 하지만 보통 수준의 지능이라고 가정할 때, 이러한 성적 차이의 가장 근본적인 이유는 공부 방법이 다르기 때문이다.

①학교 ②운동장 ③나무 ④도시락 ⑤기차 ⑥하늘 ⑦강아지 ⑧꽃밭 ⑨아저씨 ⑩사과라는 10개의 단어를 아이에게 보여주고 1분 동안 외우게 해보자. 그리고 몇 개의 단어를 외웠는지 간단한 테스트를 해보자. 보통의 아이라면 3~5개 외우는 것이 고작

이다.

그런데 이번에는 방법을 조금 달리해서 외우게 해보자. 막무가내 외우게 하는 것이 아니라 주어진 10개의 단어로 이야기를 만들어주는 것이다.

"학교 운동장에 있는 나무 아래에 앉아, 도시락을 먹고 있는데, 기차가 하늘을 날고 있었고, 기차에는 강아지가 타고 있었습니다. 꽃밭에 물을 주던 아저씨는 놀라서 그만 먹고 있던 사과를 떨어뜨렸습니다."

그런 다음 이 이야기의 상황을 머릿속으로 그려보게 하자. 아이는 학교 운동장 나무 아래에서 도시락을 먹는 모습, 놀랍게도 기차를 타고 하늘을 나는 강아지, 그리고 놀라서 꽃밭에서 물을 주다가 먹던 사과를 떨어뜨린 아저씨의 모습을 어렵지 않게 그려낼 수 있을 것이다.

이렇게 하면 굳이 따로 외울 것도 없다. 눈을 감고 머릿속으로 떠올리기만 하면 '학교와 운동장, 나무, 도시락, 기차, 하늘, 강아지, 꽃밭, 아저씨, 사과'라는 아무 연관성도 없는 10개의 단어를 쉽게 기억해낼 수 있기 때문이다.

더 중요한 것은 이렇게 외운 것은 그 기억이 무척 오래 간다는 사실이다. 막무가내로 외운 단어는 1시간 쯤 지나면 하나도 기억하지 못하지만 이런 식으로 외운 10개의 단어는 다음날도 완벽하게 기억해낼 수 있게 된다.

이처럼 어떤 방법으로 공부를 하느냐에 따라 효과는 엄청나게 달라진다. 구체적인 공부 방법은 앞으로 계속 살펴보겠지만, 먼저 공부를 잘하고 못하고를 갈라놓는 가장 중요하고 근본적인 이유는 바로 '공부 방법'에 있다는 사실을 잘 기억해야 한다.

공부는 머리로 하는 것

10개의 단어를 무작정 외우는 것은 뇌가 가지고 있는 무한한 능력을 이용하지 않은 채 막무가내로 하는 공부다. 그런 공부가 좋은 효과를 낼 리 없다. 반대로 10개의 단어를 이용해 짧은 이야기를 만들었다는 것은 '생각하는 공부'를 말한다.

결국 공부 방법에 있어서 가장 중요한 것은 얼마나 생각을 많이 하느냐의 문제라고 할 수 있다. 이것은 다른 말로 하면 얼마나 이해를 정확하게 해서 잘 받아들이느냐의 문제이기도 하다.

공부를 못하는 아이들은 대부분 내용을 잘 이해하지 못한다. 그러다보니 막무가내로 외우는 경우가 많다. 하지만 막무가내로 외우는 것은 한계가 있고, 들인 시간과 노력에 비해 효과는 보잘 것 없다.

반대로 공부를 잘하는 아이들은 무엇이든지 이해부터 하고 시작한다. 어떤 사실을 잘 이해하고 나면 외울 것도 많지 않게 되고, 굳이 외워야 할 경우에도 쉽게 외울 수 있다. 그러므로 공부 방법의 차이란 얼마나 이해를 정확하게 하느냐, 그렇지 않느냐의 차이이기도 하다.

나는 그동안 영재 소리를 듣는 초등학교 아이부터 사법고시 준비생에 이르기까지 다양한 사람들을 가르쳐왔다. 대부분 공부 하나는 기막히게 잘하는 사람들이었는데, 그들에게는 공통점이 있었다.

초등학교 아이부터 사법고시 준비생에 이르기까지, 그들은 이해할 수 없는 것에 대해서는 끝까지 묻고 또 묻는다는 사실이었다. 어떤 때는 너무 질문이 많아 은근히 짜증이 나기도 했지만, 이해가 되지 않으면 절대 그냥 넘어가지 않는 그들의 그런 집요함에 속으로 놀랄 때가 많았다.

반면에 공부를 못하는 아이들은 어떨까? 언젠가 서울 강남에서 고3 학생을 개인지도 한 적이 있다. 그 학생의 어머니는 자기 아이가 서울에 있는 일류 대학에 가기를 바랐지만, 사실 그 학생은 중위권 대학이라도 합격한다면 다행일 정도로 공부를 못했다.

그 학생을 맡아 가르치면서 가장 먼저 한 일은 그 학생의 공부 방법을 점검하는 것이었다. 왜냐하면 공부 방법에 문제가 있을 것이 분명했기 때문이다.

한동안 살펴본 결과, 그 학생은 정확히 이해하고 싶어하는 집요함이 턱없이 모자랐다. 뭔가를 설명해준 다음, 이해가 되냐고 물으면 "그냥 외우면 돼죠, 뭐."라고 말하는 식이었다.

그나마 다행인 것은, 막무가내 외워대는 정성이라도 있어 서울 중하위권 대학에 힘들게나마 들어갈 수는 있을 것 같았다. 하지만 옆에서 보기에 너무 안쓰러울 정도로 공부를 어렵게 했다. 막무가내로 공부하는 학생도, 그런 학생을 가르치는 사람도, 지켜봐야 하는 부모 모두 행복하지 못한 공부 방법이었던 것이다.

물론 성실하게 공부하는 것은 참 좋은 것이다. 하지만 근본적으로 공부는 머리로 하는 것이다. 머리로 한다는 것은 생각을 하면서 공부하는 것을 말한다. 생각을 하면 더 정확하고, 쉽고, 빠르게 갈 수 있는 길들이 보이기 시작한다. 그 길을 찾는 것이 쉽지는 않지만, 찾기만 하면 아주 편하게, 빨리 갈 수 있다. 그리고 멀리까지도 갈 수 있다.

공부하기 싫어하는 데는 반드시 이유가 있다

　공부하기 싫다는 아이에게 왜 공부하기 싫은지 진지하게 물어본 적이 있는 엄마가 얼마나 될까?

　많은 엄마들이 아이에게 공부하라고 다그치기는 하지만 정작 '공부하기 싫은 이유가 뭐냐'고 진지하게 물어보는 경우는 거의 없다. 으레 아이들이란 공부하기 싫어하는 게 당연하고, 그래도 공부는 해야 하기 때문에 다그쳐서라도 하게 하는 것이 부모의 역할이라고 생각하기 때문이다.

　하지만 아이들이 공부하기 싫어하는 데는 틀림없이 까닭이 있다. 까닭이 있다면 그 까닭을 없애주면 공부하기 싫어하는 현상도 없어질 수 있다. 그러므로 아이가 공부하기 싫어하고, 공부를 안 하려고 한다면 무조건 다그칠 것이 아니라 왜 싫은지, 왜 안 하려고 하는지 진지하게 물어보아야 한다.

이해하지 못하면 무엇이든 재미가 없다

늘 반에서 꼴지를 도맡아 하는 초등학교 5학년 혁민이는 혼자서는 아예 공부를 하지 않는다. 엄마가 지키고 앉아 있어야 마지못해 숙제라도 하는 정도다. 그러다보니 집안에서 엄마와 혁민이의 실랑이 소리가 끊기는 날이 거의 없었다.

사정이 이런데도 엄마는 '왜 공부가 싫은지'를 혁민이에게 단한 번도 진지하게 물어본 적이 없다. 대신 '공부하라'는 말만 입에 달고 살 뿐이었다.

그렇다면 혁민이는 왜 공부를 안 할까? 대답은 너무 간단하다. 재미가 없기 때문이다. 그렇다면 왜 재미가 없을까? 문제는 여기에 있다.

공부가 가지는 재미는 지극히 상대적이다. 똑같은 공부를 놓고, 어떤 아이는 재미있다고 느끼고 어떤 아이는 재미없다고 느낄 수 있다. 그렇다면 두 아이의 차이는 무엇일까?

이것은 영화의 줄거리를 이해하고 보는 아이와 그렇지 않은 아이에 비유할 수 있다. 액션이나 화려한 장면 없이 고도의 두뇌 게임을 벌이는 추리 영화를 예로 들어보면 쉽게 알아들을 수 있다.

사건이 복잡하게 얽히고설키면서 이야기가 펼쳐지는 영화에서, 한순간 추리의 끈을 놓쳐 버리면 어떻게 될까? 전체적으로 내용이 이해가 되지 않으면서 그때부터 영화는 재미없고 지루해지고 만다. 반면 끝까지 추리의 끈을 놓치지 않는다면 마지막 순간까지 무척 재미있게 영화를 볼 수 있다.

아이들에게 있어 공부는 이와 똑같다고 할 수 있다. 공부를 잘하는 아이들은 재미있는 영화 못지않게 공부하는 것을 재미있어 한다. 이처럼 공부를 잘하는 아이에게 공부가 재미있는 것은 공부하는 내용을 잘 이해하고 있기 때문이다.

2학년 수준의 어휘 능력을 가진 5학년 아이

입이 툭 튀어나온 채 엄마 손에 이끌려 온 혁민이를 면담하면서 왜 공부하기 싫은지 진지하게 물어보았다. 그리고 아주 놀라운 사실을 발견했다.

혁민이는 아주 기본적인 낱말의 뜻을 잘 모르고 있었다. 초등학교 5학년이었지만 낱말 이해력이나 개념 이해력은 2, 3학년 수준밖에 되지 않았다. 그러다보니 5학년 교과서 내용을 거의 이해하지 못했다. 혁민이에게 초등학교 5학년 교과서는 마치 중학교만 졸업한 사람에게 대학 전공 서적을 읽으라고 건네준 꼴이었던 것이다.

내용도 잘 이해하지 못하는 교과서로 공부하는 수업 시간이 혁민이에게 재미있을 리 없었다. 그러다보니 수업 시간 내내 딴짓만 하게 되고, 결국 실력은 점점 뒤처지게 되었던 것이다. 여기에다 늘 교사에게 지적을 당하다 보니 주눅까지 들어 자신감도 많이 잃은 상태였다.

나는 혁민이 엄마에게 여름 방학을 이용해 초등학교 1학년 교과서부터 다시 공부시키라는 처방을 내렸다. 처음에는 펄쩍 뛰던 엄마도 자세한 설명을 듣고 나서는 문제의 심각성을 깨닫고 흔쾌히 동의했다.

그해 여름 방학, 혁민이는 다른 공부는 전혀 하지 않고 초등학교 1학년 교과서부터 다시 차근히 공부했다. 교과서를 소리 내어 읽기도 하고, 문제도 풀었다. 엄마는 혁민이가 금방 싫증낼 것으로 생각했지만 뜻밖에 혁민이는 무척 재미있어 했다. 이유는 간단하다. 자신이 온전히 이해할 수 있는 내용을 공부하다 보니 재미있을 수밖에 없었기 때문이다.

누구에게나 공부란 즐거운 것이다

아이들이 공부하기 싫어하는 진짜 이유는 '재미가 없기' 때문이고, 재미가 없는 이유는 '이해를 하지 못하기 때문'이다.

사실 이 두 가지 이유는 엄마가 아이에게 조금만 관심을 가지고 다가가면 쉽게 풀어줄 수 있는 문제들이다. 이해하지 못하는 그 단계부터 다시 공부할 수 있도록 지도하면 되기 때문이다. 마치 비디오테이프를 앞으로 돌려 이해하지 못하는 부분부터 다시 보면 영화의 재미가 계속 이어지는 것처럼 말이다.

공부 못한다고, 공부하지 않는다고 잔소리하고 신경질 낼 것이 아니라, 왜 공부가 하기 싫은지 아이와 진지하게 이야기를 나눠 보도록 하자. 아이의 말에 진심으로 귀를 기울이다 보면 아이의 발목을 잡고 있는 것이 틀림없이 보일 것이다. 아이가 공부를 싫어하게 된 데는 꼭 까닭이 있기 때문이다. 그런 다음 그 걸림돌을 없애주면 어떤 아이라도 즐겁게 공부하게 된다. 사람은 본능적으로 배움의 즐거움을 느끼도록 만들어져 있기 때문이다.

수업 시간이 즐거운 아이가 되게 하라

　아이가 공부를 싫어하는 데는 여러 가지 까닭이 있겠지만 학교 수업을 제대로 따라가지 못하는 것이 큰 원인일 때도 많다.

　교실에서 벌어지는 수업을, 교과서라는 대본을 가지고 교사가 교단 위에서 혼자 벌이는 1인극이라 생각해보면 어떻게 될까? 물론 관객은 아이들이 될 것이다. 교사가 벌이는 연극의 내용을 잘 이해하는 아이는 보는 것이 즐거울 것이고, 연극 내용을 잘 이해하지 못하는 아이는 별로 재미가 없을 것이다.

　실제로 초등학교 4학년 이상이 되면 수업 내용을 제대로 이해하지 못하는 아이들이 50%가 넘는다. 이런 아이들은 수업 내용을 이해하지 못하기 때문에 수업이 재미가 없고, 재미가 없으니 집중할 수 없게 되어 딴짓을 하게 된다. 결국 교사에게 지적당하는 횟수가 많아지게 되는데, 이것은 또 다른 실패 경험으로 이어지기도 한다.

이러한 아이들의 비율은 학년이 올라갈수록 더욱 높아지는데, 6학년이 되면 초등학생의 70% 정도가 학교 수업을 따라가지 못한다. 그리고 이러한 학습부진 현상은 고스란히 중·고등학교로 이어지는 것이 일반적이다.

하루 공부의 3분의 2가 이루어지는 수업 시간

아이가 학교 공부를 따라가지 못해 공부를 재미없어 하고 힘들어 하면, 대개 엄마들은 과외를 시키거나 학원에 보낼 생각부터 한다. 하지만 그것이 올바른 방법인지 깊이 생각해봐야 한다.

왜냐하면 학원이니 과외 교사는 아이의 성적을 높이는 데 관심이 있을 뿐, 아이가 수업 시간에 즐겁고 재미있게 공부하도록 지도하는 데는 별로 관심이 없기 때문이다.

'수업 시간에 공부를 재미있게 하든, 재미없게 하든 성적만 좋아지면 되는 것 아닌가?' 하는 생각을 할 엄마들이 있을지도 모른다. 하지만, 이것은 아주 위험한 생각이다.

초등학교 아이들은 적어도 하루 4시간에서 많게는 6시간 이상 학교 교실에서 수업이라는 형식을 통해 공부를 한다. 중·고등학교에 올라가면 수업 시간은 더욱 늘어난다. 이것은 공부하는 데 들어가는 시간 가운데 절대 다수를 차지하는 것이 학교 수업이라는 이야기다.

이처럼 많은 시간을 날마다 교실에서 수업이라는 형식을 통해 공부를 하게 되는데, 수업 시간에 엉뚱한 짓을 하거나 다른 행동을 하게 된다면 어떻게 될까?

사정이 이런데도 엄마들은 학교 수업을 중요하게 생각하지 않는 경우가 많다. 심지어 어떤 엄마들은 학교 수업은 과정상 거쳐야 하는 것쯤으로 생각하기도 한다. 그러다보니 아이의 성적을 결정적으로 좌우하는 것은 과외나 학원이라 생각해, 고액 과외 교사나 유명 학원 강사에게 아이의 학습을 완전히 맡겨버리고 마는 일이 생기는 것이다. 하지만 이것은 너무나 위험한 생각이고, 무엇보다 아이를 너무나 힘들게 만드는 것이다.

현재 대한민국 고등학생들은 하루 평균 14시간 이상을 학교에서 공부한다. 그 가운데 10시간 이상이 수업이다. 그러므로 수업 내용을 완전히 이해하고, 수업 시간에 열심히 공부하지 않고 우등생이 된다는 것은 처음부터 말이 되지 않는다.

해마다 입시가 끝난 뒤 서울대 수석 합격생이 인터뷰에서 '수업 시간에 충실히 공부했다'고 말하는 것은 우연도 거짓도 아닌 당연한 사실이다.

학습의 중심이 되어야 하는 수업시간

아이가 초등학생일 때 가장 신경 써서 지켜봐야 할 것은 수업 시간에 적극적으로 참여하는가 하는 것이다.

일반적으로 수업 내용을 잘 이해하지 못할 경우 아이들은 가장 먼저 학교 가기 싫어하는 반응을 보이는데, 그럴 때 가볍게 넘겨 버려서는 안 된다. '아이들은 누구나 학교 가기 싫어하기 마련'이란 생각으로 그냥 두었다가는 문제를 크게 만들어 버릴 수 있기 때문이다.

아이가 어떤 형식으로든 학교에 가기 싫다는 뜻을 내비쳤다면, 그것은 아이와 진지한 대화가 필요하다는 신호다. 아이와 이야기를 해본 뒤, 그것이 또래 간의 문제가 아니라면 일차적으로 학교 수업 시간이 부담이 된다는 메시지를 보내는 것이라고 생각해볼 수 있다. 곧 수업 시간이 재미없다는 뜻이고, 그 원인은 수업 내용을 이해하지 못하기 때문이라고 알아들어야 한다.

그런 다음에는 어떤 부분을 왜 어려워하는지 알아내 아이와 함께 해결점을 찾아야 한다. 대부분의 경우 아이와 이야기를 해보면 의외로 어렵지 않게 문제점을 발견할 수 있고, 해결 역시 싱겁게 끝나는 경우가 많다.

예컨대 이미 학교에서는 분수의 사칙연산을 배우고 있는데 알고 보니 아직 구구단을 능숙하게 외우지 못하고 있다거나 하는 식이다. 구구단을 능숙하게 외우지 못하는 아이에게 분수 사칙연산을 공부하는 수학 시간이 재미있을 리 없다. 하지만 이런 아이의 경우, 부족한 곱셈 부분만 보충해주면 어렵지 않게 원래 궤도에 올라갈 수 있다.

이처럼 학교 수업이 아이의 학습 중심이 되도록 끊임없이 관심을 가져주고, 부족한 부분을 그때그때 보충할 수 있도록 도와주는 것이 현명한 엄마의 가장 기본적인 학습지도라고 할 수 있다.

15분 동안의 예습

김은석이라는 초등학교 5학년 아이가 엄마와 함께 내 연구실을 찾아온 적이 있다. 학습지도 종류별로 시켜보고, 유명한 학원이며 고액 과외 교사에게 맡겨보기도 했지만 아이가 도통 공부에 흥미를 붙이지 못한다며 마지막이라는 심정으로 나를 찾아왔다고 했다.

연구실에 들어선 은석이는 약간 긴장하는 눈빛으로 나를 바라보았다. '이 선생님은 또 어떤 잔소리로 나를 괴롭힐까?' 하는 그런 눈빛이었다.

나는 은석이에게 아무런 말도 하지 않았다. 그 아이가 왜 공부하기 싫어하는지 너무나 잘 알고 있었기 때문이다. 공부를 못하고, 공부를 안 하는 아이들이 앓는 병은 원인이 거의 모두 똑같다.

나는 아무런 말도 하지 않고 있다가 은석이에게 집에 가서 다음날 학교 수업 시간표대로 가방을 챙겨 오라고 했다. 은석이는 설교조의 장황한 이야기를 들을 것이라고 짐작하고 있었던지, 내 말에 놀라는 눈치였다. 옆에 앉아 있던 엄마도 놀라기는 마찬가지였다. 하지만 나는 특별한 설명도 없이 가방을 챙겨 오라는 말만 한 뒤 은석이와 엄마를 돌려보냈다.

잠시 뒤, 은석이가 혼자 가방을 들고 돌아왔다. 나는 가방에 든 교과서를 모두 꺼내라고 한 뒤, 그 가운데 가장 좋아하는 과목의 교과서만 책상 위에 올려 놓고 나머지는 가방에 넣으라고 했다.

은석이는 사회 교과서를 책상 위에 남겨 놓았다. 나는 은석이에게 다음날 공부할 부분을 펴라고 했다. 은석이가 펼친 부분은 우리나라 문화재에 대해 설명해 놓은 부분이었다. 석굴암, 금동 미륵반가상, 경천사지 10층 석탑을 비롯한 유형 문화재와 종묘 제례악, 고성 오광대, 승무 같은 무형 문화재에 대한 설명이 있었다.

나는 은석이에게 교과서에 나오는 문화재에 대해 하나씩 물어보기 시작했다. 석굴암에 가본 적은 있는지, '반가상'이란 말이 무슨 뜻인지 아는지, 종묘 제례악은 본 적이 있는지……. 은석이가 전혀 알지 못하는 부분이 있으면 함께 인터넷에서 찾아보기도 했다.

내게 붙잡혀 몇 시간 동안 꼼짝없이 공부해야 할 줄 알았던 은석이는 어느새 생글생글 웃으면서 말도 많아지기 시작했다. 나는 은석이에게 끊임없이 질문을 했고, 모르는 것은 인터넷에서 찾아보게 했다. 그렇게 나는 은석이와 1시간 동안 다음 날 배울 사회 과목을 미리 공부했다. 그런 다음 은석이를 집으로 돌려보냈다.

며칠 뒤 은석이는 학교를 마치고 다시 내 연구실로 왔다. 나는 역시 다음날 시간표대로 가방을 챙겨서 오라고 했다. 그리고 가장 좋아하는 과목의 교과서를 꺼낸 뒤 다음날 공부할 부분을 펼치라고 했다. 그리고 똑같은 방법으로 교과서 내용에 대해 끊임없이 은석이에게 질문을 했다.

그렇게 몇 번을 공부한 뒤, 나는 은석이와 면담을 했다. 그동안의 변화에 대해 은석이가 느낀 것을 듣고 싶었기 때문이다. 짐작대로 나와 함께 예습한 과목의 수업 집중도가 무척 높아져 있다는 것을 확인할 수 있었다.

면담하는 동안 은석이는 자신도 모르게 수업 시간에 있었던 여러 가지 일들을 이야기했다. 다른 아이들이 모르는 것을 자신이 잘 설명해서 아이들이 놀랐다는 그런 내용들이었는데, 모두 미리 예습을 해 간 사회 과목의 수업 이야기였다.

나는 은석이 엄마와 상담하면서 그동안 내가 은석이와 했던 공부 방법에 대해 자세히 설명해주었다. 그리고 집에서도 똑같은 방법으로 하라고 말해주었다. 다만 이제 걸음마 단계이니 한꺼번에 너무 욕심내지 말고 한 달 동안은 아이가 하고 싶어하는 과목 하나만 20분 정도씩 예습을 하라고 했다. 그리고 시간이 지나면

예습하는 과목 수를 조금씩 늘리고, 대신 시간을 줄여 짧게 하라
고 당부했다.

　3개월 쯤 지난 뒤 다시 은석이가 엄마와 함께 나를 찾아왔다.
짐작대로 은석이는 학교 수업 시간이 기다려지는 아이로 바뀌어
있었다. 그리고 수업에 가장 적극적으로 참여하는 아이가 되어
있었다. 더구나 수업 내용을 빠짐없이 이해하는 완전 학습을 하
고 있었기 때문에 학원이나 과외 공부가 따로 필요 없을 정도였
다. 학교 수업을 공부의 중심에 놓은 결과였다.

유태인 엄마들에게 배우는
질문의 지혜

우리나라 엄마들이 학교 가는 아이에게 늘 하는 말이 있다.

"공부 열심히 해."

"선생님 말씀 잘 듣고!"

우리나라 엄마들에게 공부를 잘한다는 것은 곧 '선생님 말씀을 잘 듣는 것'을 뜻한다. 그렇다면 세계적으로 자녀 교육을 잘 시킨다고 알려져 있는 유태인 엄마들은 아침마다 학교 가는 아이에게 뭐라고 말할까?

"선생님에게 질문 많이 하렴!"

유태인 엄마들이 학교 가는 아이에게 하는 말이다. 유태인 엄마들은 아이가 학교에서 성공적으로 공부를 했는지 안 했는지의 기준을 선생님에게 얼마나 질문을 많이 했는지 안 했는지로 따지는 것이다.

'질문을 한다'는 것은 무엇을 뜻할까?

문제를 '풀기'보다 문제를 '내는' 것이 더 어렵다는 말이 있다. 실제로 시험 문제를 내기 위해서는 문제를 내야 하는 범위 이상의 것을 알아야 한다. 하지만 문제를 푸는 사람은 범위 안에 있는 것만 정확하게 알면 풀 수 있다. 그만큼 문제를 낸다는 것은 문제를 푸는 것보다 더 많은 지식과 생각을 요구한다.

질문도 이와 똑같다. 학교에서 선생님의 설명을 잘 듣는 것도 힘든 일이지만, 선생님의 설명을 듣고 질문을 할 수 있으려면 더 자세히 듣고, 더 많이 생각하고, 경우에 따라서는 교사가 미처 생각하지 못한 것까지 생각할 수 있어야 한다. 곧 질문이란 수업 내용을 상당히 잘 따라가고 있어야만 가능하고, 수업 시간에 능동적으로 참여해야만 가능하다는 이야기다.

아이에게 던지는 엄마의 질문에도 지혜가 필요하다

학교에서 돌아온 아이에게 "선생님 말씀, 잘 들었어?" 또는 "공부 열심히 했어?"라고 묻는 것만큼 못난 질문도 없다. 아이가 "네"라고 대답하고 나면 더 이상 대화를 진행할 수 없기 때문이다. 그렇다고 아이가 "아니요"라고 대답한다고 해서 대화가 계속

되는 것도 아니다. 물론 형식적으로는 대화가 계속될 수 있겠지만, 그것은 대화라기보다는 대개 아이를 비난하거나 야단치는 것이 될 가능성이 너무 많다.

이런 경험을 몇 번 되풀이하게 되면, 과연 어떤 아이가 '아니요' 라고 대답할 수 있을까? 결국 아이는 공부 열심히 했냐는 엄마의 질문에 언제나 '네' 라고 대답하게 되고, 엄마는 아이의 학습 상황에 대해서 점점 모르게 되고 만다.

그런데 유태인 엄마들처럼 학교에 갔다 온 아이에게 "오늘 선생님에게 뭐 질문했어?"라고 물어보면 어떻게 될까? 만약 아이가 선생님에게 질문한 것이 있다면, 그 내용을 가지고 엄마와 아이는 이야기를 발전시켜 나갈 수 있을 것이다. 그렇게 되면 엄마는 그날 아이가 학교에서 어떤 공부를 했고, 자신의 아이가 어느 수준에서 학교 공부를 하고 있는지 금방 알게 된다.

반대로 아이가 질문을 하지 않았다면, 역시 왜 질문을 하지 않았는지에 대한 이유로 엄마와 아이는 이야기를 발전시켜 나갈 수 있다. 바야흐로 엄마와 아이 사이에 교감이 이루어지게 되는 것이다.

질문지를 만들어 보자

우등생들은 얄미울 정도로 '왜요?' 라는 말을 자주 한다. 책을 읽거나 설명을 듣다가 조금이라도 모르거나 이해하지 못하는 것이 있으면 곧바로 묻는다. 그리고 자신이 완전히 이해할 때까지 묻고 또 묻는다. 공부를 못하는 아이들은 그러한 우등생들의 모습을 무표정한 얼굴로 쳐다보고 있는 경우가 많다.

나는 아이가 질문을 하지 못해 고민하는 엄마가 있으면 질문지를 만드는 방법을 알려주곤 한다. 이것은 수업 전날 미리 예습을 하면서 궁금한 점을 쓰게 한 다음, 그 질문지를 가지고 학교에 가도록 하는 방법이다.

질문지를 만들기 위해서는 미리 예습을 해야 하는데, 다음날 공부할 내용을 미리 공부하다 보면 아이가 궁금하게 생각하는 부분이 반드시 있기 마련이다. 그것을 이용해 질문지를 만들어 수업 시간에 선생님에게 물어보게 하는 것이다.

처음에는 용기가 없어 잔뜩 만들어 간 질문지 가운데 하나도 못 물어보고 오는 경우가 많겠지만, 계속해서 훈련하다 보면 어느새 학교에서 가장 질문을 많이 하는 아이가 되어 있을 것이다. 그리고 그때 아이는 아마 이미 우등생이 되어 있을 것이다.

몇 년 전 학술 세미나에 참석하기 위해 독일에 간 적이 있다. 그때 독일에서 참 놀라운 광경을 많이 보았다. 아이들부터 어른에 이르기까지 질문하는 것이 너무나 일상화되어 있다는 사실이었다.

초등학교부터 대학교까지 많은 곳을 방문해 독일 사람들이 공부하는 모습을 지켜보았는데, 수업은 늘 학생과 교사 사이의 질문과 대답으로 이루어졌다. 너무나 부러운 모습이 아닐 수 없었다.

더 놀라운 것은 질문의 내용과 형식이었는데, 질문하는 사람이 학생이든 교사든 관계없이 자신이 알아듣고 이해할 수 있을 때까지 물었고, 조금이라도 이해가 안 가는 부분은 계속해서 질문을 했다. 물론 대답하는 쪽도 상대방이 이해할 수 있을 때까지 최선을 다해 자세하고 쉽게 설명했다.

독일 사람들의 이러한 질문 문화는 학교 교실에만 있는 것이 아니다. 일상적인 생활에서도 '모르면 무조건 묻는다' 는 생각을 갖고 있는 것이 독일 사람들이다.

질문을 많이 받은 아이가 질문을 많이 한다

질문을 많이 하고, 질문을 잘 하는 아이로 키우기 위해서는 어릴 때부터 질문하는 것이 자연스럽게 몸에 배도록 해야 한다. 그러려면 먼저 부모가 아이에게 질문을 많이 하고, 아이의 질문에 진지하게 대답해주는 부모가 되어야 한다.

학교에서 돌아온 아이에게 습관적으로 "공부 열심히 했어?"라고 묻는 부모는 결코 아이를 질문 잘 하는 사람으로 키울 수 없다. 그리고 아이가 뭔가 궁금해서 물어보았는데 "넌 아직 알 필요 없어." 또는 "크면 알게 돼."라는 식의 대답을 해주는 것도 좋지 않다.

이런 식의 경험을 여러 번 하게 되면 아이는 궁금한 것이 생겨도 물어보려고 하지 않게 되고 '괜히 물어봤구나', '질문은 별로 안 좋은 거구나', '괜히 생각했네, 그냥 흘려듣고 말 걸' 하는 생각을 갖게 된다.

그렇게 되면 궁금한 것이 생겨도 질문을 하지 않게 되고, 질문하는 것이 익숙하지 않게 되어 나중에는 아예 질문을 못하게 된다. 더욱 큰 문제는 어떤 것에 대해 궁금해하고, 알고 싶어하는 생각 자체를 안 하게 된다는 것이다.

모르는 내용이 있는데도 묻지 않는 것은 아주 잘못된 것이다. 그런데 현실을 들여다보면 몰라도 질문하지 않는 것이 당연하고, 질문을 하면 유별난 것이 되고 마는 경우가 많다.

이런 생각을 바꿔 놓아야 한다. 모르면 묻는 것이 당연한 것이고, 묻지 않는 것이 유별난 것이라고 생각할 수 있도록 아이에게 끊임없이 묻고 답하는 훈련을 해야 한다. 이것이 아이를 평생 우등생으로 만드는 방법 가운데 하나다.

우등생들의 공부 방법

우등생들은 무슨 특별한 방법으로 공부한다고 생각하는 사람들이 많지만 실제로 우등생들의 공부 방법은 지극히 단순하기 짝이 없는 경우가 많다.

다음날 배울 내용을 전날 미리 읽어보고, 수업 시간에 집중해서 듣고, 그날 배운 내용을 집에 와서 다시 생각해보고, 궁금한 점이 있으면 사전이나 인터넷을 통해 정확하게 이해하려고 노력하는 정도다. 이것이 우등생들의 일반적인 공부 방법이라고 할 수 있다. 여기에 무슨 특별한 비법이 있는가?

반대로 열등생들의 공부 방법은 어떨까? 열등생들은 대충 아는 것을 안다고 생각해 공부를 안 하는 경우가 많다. 이것은 우등생들이 '대충 아는 것'은 '모르는 것'이라 생각하고 더 정확하게 알려고 노력하는 것과 정반대다.

열등생들은 '대충 아는 것', '알듯 모를 듯한 것', '잘은 모르지만 알기는 아는 것', '설명은 못하겠지만 알기는 아는 것'과 같은 것들을 모두 '안다'라고 생각해 공부하지 않는다.

하지만 우등생들은 '정확하게 아는 것'이 아니거나, '말로 설명할 수 없는 것'은 모르는 것이라 생각해 곧바로 질문을 해 확인하거나, 반복 학습을 한다. 그리고 정확하게 알고, 그것을 다른 사람에게 말로 설명할 수 있거나 글로 쓸 수 있을 때까지 되풀이해서 공부한다. 우등생과 열등생의 공부 방법 차이는 바로 여기에 있다.

복습보다 예습이 효과적이다

　'우등생들은 예습을 많이 하고, 열등생들은 복습을 많이 한다'는 말이 있다. 물론 우등생들이 복습을 안 한다는 이야기는 아니다. 단지 예습을 더 중요하게 생각한다는 이야기다. 하지만 적어도 열등생들이 예습을 하지 않는 것은 틀림없는 사실이다.

　예습이란 아는 것과 모르는 것을 구분하기 위해 하는 것이다. 사실 공부란 대충 아는 것을 좀 더 정확하게 알고, 모르는 것이 무엇인지 알아내 그것을 배워가는 과정이다.

　그런데 공부를 못하는 아이들은 상대적으로 자신이 모르는 것이 무엇인지 정확하게 모르는 경우가 많다. 무엇을 모르는지 모르기 때문에, 당연히 무엇을 공부해야 하는지도 모른다. 그러다 보니 늘 '공부할 게 없다'는 말을 되풀이한다. 반면 우등생들은 자신이 무엇을 모르는지 잘 안다. 그러다보니 온통 공부해야 할 것들밖에 보이지 않는 것이다.

예습을 통해 모르는 것과 아는 것을 정확하게 구분한다

우등생들은 예습을 통해 자신이 무엇을 알고 무엇을 모르는지를 판단한다. 배울 내용들을 미리 공부하다 보면 모르는 것이 생기게 마련이고, 우등생들은 그것을 놓치지 않고 잘 정리해 두는 것이다. 그리고 수업 시간에 그 부분을 집중해서 듣고, 그래도 이해가 안 가면 교사에게 질문을 한다.

모르는 부분에 대한 설명을 귀담아 듣고, 그래도 모를 경우에 교사에게 질문을 한다는 것은 대단한 집중력을 갖고 수업에 임한다는 것을 뜻한다. 이처럼 예습 중심으로 공부를 하게 되면 자연스럽게 수업 집중도를 높일 수 있다. 예습의 중요성과 효과는 바로 여기에 있다.

그런데 대부분의 엄마들은 복습을 중요하게 생각하지 예습을 중요하게 생각하지 않는다. 그리고 공부 시간이 한정되어 있으면 예습은 안 시키더라도 복습은 꼭 시키려고 한다. 하지만 이제부터는 방법을 바꾸어야 한다. 복습은 못 하더라도 예습은 반드시 하도록 말이다.

재미있는 것은, 복습 중심으로 공부를 하다 보면 언제나 복습만 하게 되지만, 예습 중심으로 공부를 하다 보면 복습도 저절로 하게 되는 경우가 많다는 사실이다. 예를 들어 3단원을 예습하다가 모르는 내용이 나오면 2단원을 펼쳐보게 된다. 따라서 예습은 어느 정도의 복습을 동반하는 셈이다.

예습이라고 해서 대단한 것이 아니다. 예습은 전날 미리 가방을 싸면서 시작된다고 할 수 있다. 처음에는 가방만 미리 싸 놓게 하다가, 조금씩 다음날 배울 내용들을 함께 읽어보고, 교과서 내용에 대해 간단히 이야기를 나누는 것만으로 충분하다.

그런 과정을 통해 아이는 자기도 모르게 다음날 수업 시간에 대한 호기심과 기대를 갖게 된다. 그 호기심과 기대감은 수업 시간에 집중해서 공부할 수 있게 하는 원동력이 된다.

그렇다고 다음날 배울 내용을 완벽하게 공부해 가는 것은 좋지 않다. 그것은 예습이라기보다 선행 학습이 되기 때문이다. 예습은 하루 20분 정도면 충분하고, 아이가 호기심과 궁금증을 가질 정도에서 그쳐야 한다. 그렇지 않고 궁금증과 호기심까지 다 풀어 버릴 정도로 예습을 해 버리면, 오히려 다음날 수업 시간에 더 집중하지 않게 된다. 왜냐하면 아이는 이미 다 공부했다고 생각하고, 또 교사의 이야기가 하나도 새롭지 않기 때문이다.

예습은 다음날 배울 내용에 대해 호기심과 기대감을 가질 정도로 하면 충분하다. 나머지는 수업 시간을 통해 호기심과 기대감을 충족시킬 수 있도록 해야 한다. 그렇게 하면 아이는 언제나 수업 시간이 즐겁게 될 것이다.

천재들의 공부법

　독일에 있는 베토벤 기념관에 가 본 사람들은 베토벤이 치던 피아노를 보고 깜짝 놀란다고 한다. 대부분의 사람들은 베토벤은 타고난 음악의 천재였으니 별 노력도 하지 않고 좋은 음악을 많이 만들 수 있었을 거라고 생각한다.

　그런데 베토벤 기념관에 있는 피아노를 보고 나면, 그의 업적이 천재성 때문이 아니라 피나는 노력에 의한 결과였다는 것을 알 수 있기 때문이다.

　베토벤이 사용하던 피아노는 대부분의 건반이 움푹 들어갈 정도로 닳고 닳았다고 한다. 그가 얼마나 열심히 피아노를 쳤는지 잘 말해주고 있는 것이다. 결국 베토벤은 천재 음악가였다기보다는 건반이 닳도록 열심히 피아노를 쳤던 노력형 음악가였던 셈이다.

바둑 천재 이창호에 대한 재미난 이야기도 있다. 이창호는 어릴 때 조훈현 9단의 문하에 들어가 바둑을 배웠는데, 조훈현 9단의 집에서 함께 먹고 자면서 바둑을 배웠다고 한다. 그런데 조훈현 9단의 부인은 어느 신문과의 인터뷰에서 이렇게 말했다.

"창호 방에서 바둑돌 놓는 소리가 들리지 않는 때가 단 한 번도 없었답니다."

이창호 역시 천재 바둑기사지만, 그 이면에는 뼈를 깎는 자기 훈련의 시간이 있었다는 이야기다.

일본에서 가장 권위 있는 문학상인 아쿠타가와 상을 받아 우리나라에서도 유명한 재일 교포 3세 소설가 유미리 씨의 경우도 눈여겨볼 만하다.

유미리 씨는 소설 공부를 하면서 자신이 좋아했던 톨스토이의 모든 작품들을 무려 7번이나 노트에 베껴 적었다고 한다. 7번을 베껴 적고 나니 톨스토이의 작품을 이해할 수 있었고, 그때부터 소설을 쓰니 자신이 생각하는 대로 글이 써졌다고 한다.

고시 3관왕으로 너무나 유명한 고승덕 변호사는 사법 고시를 준비할 때 밥 먹는 시간과 음식물이 소화되는 시간을 아끼기 위해 음식을 잘게 썰어 한꺼번에 비벼 먹었다고 한다. 그렇게 지독하게 공부했기 때문에 보통 사람은 하나도 합격하기 어렵다는 고시를 3개나 합격할 수 있었던 것이다.

어떤 분야에서 천재적인 재능을 보여주는 사람들의 경우 어느 정도 타고난 능력이 있는 것도 사실이지만, 그 타고난 능력이 실제 열매로 맺어지는 데는 보이지 않는 곳에서 뼈를 깎는 자기 노력이 있었다는 것을 잊지 말아야 한다.

공부를 잘하는 것 역시 마찬가지다. 겉으로 보기에는 별로 열심히 하지 않는 것 같지만 눈에 보이지 않는 곳에서 감히 상상할 수 없을 정도의 피나는 노력을 하는 것이 초상위권 우등생들의 학습 방법이다. 그만큼 우등생이 되기 위해서는 지독한 자기 노력이 뒷받침되어야 한다는 이야기다.

그런데 공부를 못하는 아이들은 어떨까? 별로 노력해보지도 않고 쉽게 포기하고, 자신의 머리를 탓하며 불평불만을 늘어 놓는 경우가 많다. 그리고는 공부 잘하는 아이들은 원래 머리가 좋아서 잘할 뿐이라고 스스로 위안해 버린다.

내 연구실을 찾아 온 어떤 고등학생에게 전해들은 이야기가 하나 있다. 그 학생은 자기도 무척 열심히 공부한다고 생각하는데 늘 자기보다 잘하는 친구가 있었다고 한다. 그래서 어느 날부터 그 친구를 그대로 따라해 보았다고 한다.

그 친구가 공부하면 자기도 공부하고, 그 친구가 화장실을 가면 자기도 화장실을 가고……. 그렇게 그 친구의 모든 것을 하나하나 따라해 보니 자신의 부족한 부분을 발견할 수 있었고, 마침내 그 친구를 이길 수 있었다는 그런 이야기였다.

　공부를 잘하는 아이들은 틀림없이 이유가 있다. 그리고 그 이유 가운데 많은 부분을 차지하는 것이 성실하게 공부하는 자세라고 할 수 있다.

우등생과 열등생의 차이

- 열등생은 무조건 외우지만 우등생은 생각하는 공부를 한다.
- 열등생은 복습을 많이 하고, 우등생은 예습을 많이 한다.
- 열등생은 몰라도 아는 체 하지만, 우등생은 모르면 무조건 묻는다.
- 열등생은 정답만 찾고, 우등생은 정답의 이유를 찾는다.
- 열등생은 공식만 외우고, 우등생은 공식의 원리를 알려고 한다.

짜투리 시간을 잘 활용하는 방법

　나는 이른바 신림동 고시촌이란 곳에서 고등 고시를 준비하는 사람들을 가르쳐 왔다. 고등 고시를 준비하는 사람들을 가르치다 보면 '합격하고 못하고는 짜투리 시간을 어떻게 활용하는가에 달려 있다' 는 이야기들을 많이 듣는다.

　실제로 사법고시나 행정고시를 준비하는 사람들을 보면 아침에 일어나 잠자리에 들기까지 1분 단위로 학습 계획을 짜서 공부하는 경우가 많다. 그러다보니 단 1분도 허투루 낭비하는 경우가 없다. 공부에 대한 생각을 완전히 비우고 휴식이나 운동 시간을 갖기는 해도, 아무것도 하지 않고 빈둥거리며 보내는 시간은 1분도 없다는 이야기다.

늦은 나이에 서울대 법대에 들어가 마침내 사법고시에 합격한 《공부가 가장 쉬웠어요》의 지은이 장승수 씨의 경우, 화장실에서 읽는 책, 밥 먹으러 오가는 길에 보는 메모장, 전철을 타고 이동할 때 보는 책을 정해 놓고, 그 상황이 되면 반드시 정해 놓은 책이나 메모장을 펼쳐 공부했다고 한다.

더구나 장승수 씨의 경우는 머릿속으로 공부하는 것으로도 유명했는데, 메모장이나 책을 펼쳐볼 수 없는 상황이 생기면 머릿속으로 책 내용을 떠올려가며 공부했다고 한다. 이처럼 공부 잘하는 사람들은 짧은 시간도 헛되이 쓰지 않는다.

하버드 대학의 연구 결과에 따르면, 일반적으로 사람들은 하루에 2시간 30분 이상을 짜투리 시간으로 허비한다고 한다. 이러한 짜투리 시간은 한 번에 5분에서 10분 정도로 금세 흘러가 버리기 때문에 사람들은 시간이 아까운 줄 알아차리지 못한다고 한다.

예컨대 약속 장소에서 누군가를 기다릴 경우, 만약 5분 정도 기다렸다면 이미 그 5분은 짜투리 시간으로 흘러가 버렸을 경우가 많다. 그렇지만 사람들은 5분을 낭비했다는 생각을 하지 못한다고 한다. 그런데 상대방이 30분 이상 늦어 버린다면, 사람들은 30분을 낭비했다고 깨닫게 되는데, 그때는 이미 30분이 흘러가 버린 뒤가 된다는 것이다.

하지만 단 1분이라도 시간을 허투루 쓰지 않는 사람은 그런 경우에도 책을 보거나 나름대로 창조적인 시간을 갖기 때문에 상대방이 5분을 늦는다고 해도 5분을 낭비하지 않게 되며, 30분 이상 늦어 버릴 경우에도 그만큼 시간을 알차게 쓸 수 있게 된다.

짧지만 강하게 집중하고, 금방 싫증내는 아이들

아이들은 일반적으로 어른에 비해 '짧은 시간' 동안 '강하게' 집중했다가 '금방 싫증내는' 특징이 있다. 이것은 아이에게 문제가 있어서가 아니라 보편적인 것으로, 자라면서 아이들의 집중 시간도 조금씩 길어진다.

그런데 아이들의 집중 시간은 어른에 비해 짧긴 하지만, 집중력의 강도에 있어서는 어른이 절대 따라갈 수가 없다. 그렇다면 이런 아이들의 특성을 잘 이용해 틈틈이 아이들의 학습을 지도한다면 어떻게 될까?

나는 상담을 하러 오는 엄마들에게 아이가 학교에 갔다 온 직후에 10분 동안 짧게 복습을 시키거나, 저녁밥 먹기 앞서 5분 동안 문제집 한 쪽을 풀게 하는 식의 학습 방법을 많이 권한다.

학교에서 돌아온 아이는 본능적으로 학교에서 있었던 이런저런 일들을 엄마에게 이야기하고 싶어한다. 이러한 심리를 이용해 짧은 시간에 아이에게 복습을 시키는 것이다. 수업 시간에 무슨 재미있는 일이 있었는지 물어보는 것으로 시작해, 무엇을 배웠는지, 그때 느낀 점이 무엇인지 이야기하게 하고, 아이가 제대로 이해하지 못하는 부분이 있으면 간단히 설명해주는 식이다.

이렇게 하면 아이는 공부한다는 생각을 전혀 하지 못하는 사이 그날 배운 것을 효과적으로 복습하게 된다. 실제로 교육심리학자들은 '뭔가 배우고 있다고 느끼는 순간, 아이는 이미 도망가 버린다'고 말한다. 그만큼 아이들은 배운다고 생각하기보다 논다고 생각하는 상황에서 더 많은 것을 효과적으로 학습할 수 있다는 이야기다.

저녁밥 먹기 전 5분 동안 문제집을 푸는 것도 마찬가지다. 엄마는 주방에서 일을 하고, 그동안 아이에게 문제를 풀도록 하면 되는데, "책상에 앉아 꼼짝 말고 문제집 풀어!"라고 말한다면 그렇게 말을 잘 들을 아이는 거의 없다.

이럴 때는 주방에서 일하는 엄마 옆에서 문제집을 풀게 하면 된다. 이때 아이는 걸어 다니며 풀 수도 있고, 거실 바닥에 엎드리거나 식탁에 걸터앉아도 관계없다. 다만 중요한 것은 소리 내어 읽으면서 풀어야 한다는 것이다.

아이가 문제와 보기를 소리 내어 읽어가면서 풀면, 엄마는 저녁 준비를 하면서도 아이가 문제를 제대로 풀고 있는지 알 수 있다. 그렇게 되면 엄마는 적절한 도움말을 줄 수 있게 된다. 물론 아이는 엄마 꽁무니를 쫓아다니며 재미있는 놀이를 하듯 문제를 풀게 된다.

하지만 이것도 조심할 점이 있다. 5분이나 10분 이내로 짧게 해야 한다는 것이다. 그렇지 않고 긴 시간 동안 이런 식으로 공부를 하게 되면 오히려 아이의 집중력은 떨어지고 만다.

이런 방법으로 아이와 문제집을 풀어 본 엄마들은 '정신이 없어서 못하겠더라' 고 하는 경우도 있지만, 아이와 자연스럽게 공부에 대해 대화할 수 있어서 좋았다고 말하는 경우도 많다.

짜투리 시간 활용하기

공부 잘하는 아이와 못하는 아이의 차이점은 여러 가지가 있겠지만, 중·고등학교로 올라갈수록 짜투리 시간을 어떻게 활용하는가에 따라 큰 차이를 보이는 것이 사실이다.

전교 1, 2등을 다투는 학생들은 완벽하리만치 짜투리 시간을 잘 활용한다. 이런 학생들은 종이 울리고 교사가 교실에 들어올 때까지 걸리는 짧은 시간 동안 그날 배울 내용들을 빠르게 훑어본다. 그리고 수업 시간에 집중해서 들어야 할 부분과 질문할 부분을 재빨리 메모하는 경우가 많다.

이런 과정을 거친 뒤 수업을 듣게 되면 거의 완벽하게 수업 내용을 이해하게 된다. 그리고 수업이 끝날 무렵 그날 배운 부분들을 되짚어보면서 보충 학습을 해야 할 부분과 그냥 넘어가도 될 부분을 표시해 두면, 나중에 복습을 할 때 불필요한 시간을 줄일 수 있다.

　아주 뛰어나게 공부를 잘하려면 어느 정도는 머리도 타고나야 하고 공부도 열심히 해야겠지만, 주어진 시간을 잘 활용하는 습관이 몸에 배어 있어야 한다.

　이러한 시간 활용술은 하루아침에 갖게 되는 것이 아니기 때문에 초등학교 때부터 꾸준히 몸에 배도록 해야 한다. 그러려면 먼저 부모 자신이 짜투리 시간을 잘 활용하는 모범을 보여야 하는 것은 두말하면 잔소리일 것이다.

문제집을 이용해
아이 실력 두 배로 높이기

공부하는 것과 문제집 푸는 것을 따로 생각하는 아이들이 많다. 하지만 문제 풀이는 배운 것을 확인하고 점검하는 과정이다. 그렇다면 그 문제가 교과서 어느 부분에서 나왔는지, 그리고 실제 문제로 나온 내용이 교과서에는 어떤 모양으로 적혀 있는지 알아보는 것은 무척 중요하다.

이것은 문제를 이해하는 능력도 키워주고, 교과서를 읽을 때 그것이 어떤 모양으로 문제가 될지 짐작하게 하는 힘까지 길러준다. 한 마디로 교과서를 읽을 때 이미 문제 의식을 갖고 읽을 수 있는 힘을 길러준다는 이야기다.

그러므로 문제 풀이를 한 뒤, 한 문제 한 문제를 되짚어가며 그 문제가 교과서 어디에서 나왔는지 찾아 색깔펜으로 표시를 해두게 하는 것은 무척 중요하다. 그리고 문제에서 요구하는 답과 교과서 내용을 비교해서 읽어보게 하는 것도 문제 이해를 위해 아주 좋은 학습 방법이다.

문제의 근거가 되는 교과서 내용을 찾아 직접 확인해보는 학습 방법은 살아있는 공부 방법이고, 이러한 공부 방법은 중·고등학교에 들어가 초상위권으로 올라갈 수 있는 중요한 밑거름이 된다.

고등학교에서 전교 1, 2등을 다투는 초상위권 아이들은 시험을 치기 전에 스스로 시험 문제를 만들어보는 경우가 많다. 자신이 낸 문제와 실제 시험으로 나온 문제를 비교·분석하면서 자신의 공부 방법과 내용을 점검해 나가는 식이다.

그러므로 문제집의 내용을 교과서에서 찾아보면서 문제집 한 권을 풀게 한 뒤, 교과서를 다시 찬찬히 읽어보게 해보자. 문제집에 나왔던 부분이 다른 색깔로 표시되어 있을 것이고, 어느 부분이 어떤 모양으로 문제가 되어 나왔는지 아이는 스스로 알아차리게 될 것이다.

그리고 다른 문제집을 풀 때 또 다른 색깔로 교과시에 표시하게 하면 중요한 부분은 더욱 확실히 드러나게 된다. 그렇게 되면 아이는 교과서를 어떻게 공부해야 할지도 정확히 알게 된다.

정답 자체보다 정답의 이유를 찾도록 하라

공부를 못하는 아이들은 '정답 찾기'에만 급급하고, 공부를 잘하는 아이들은 '정답의 이유'를 찾는 데 몰두한다. 그러므로 문제를 다 푼 다음에는 정답만 알아서는 안 된다는 것을 말해주어야 한다.

정답을 찾았다면 그것이 왜 정답인지 그 까닭도 정확하게 이해해야 한다. 그리고 나머지 보기들이 정답이 아니라면, 왜 정답이 아닌지도 알아야 한다. 그래야만 문제를 확실하게 푼 것이 된다.

그런데 대부분의 아이들은 문제집 풀기에만 급급해 제대로 문제를 파악하고 이해하려고 하지 않는다. 그러다보니 여러 권의 문제집을 풀어도 좀체 실력이 늘지 않는 것이다.

반면에 공부를 잘하는 아이들은 문제집 한 권을 풀어도 그냥 풀지 않고 정답의 이유를 찾는 데 몰두하면서 푼다. 그러다보니 문제 하나를 풀고 나면 그 문제와 관련한 여러 가지 주변 내용들까지 정확하게 이해하게 되어 폭넓은 학습 효과를 가지게 되는 것이다.

문제집을 풀 때는 배운 내용을 단순히 확인하는 것으로 만족하지 말고, 배운 내용을 확인하는 것은 물론이고, 미처 확인하지 못한 내용까지 체계적으로 공부할 수 있는 기회로 생각하고 점검하는 식이 되도록 지도해야 할 것이다.

우등생의 필수품, 오답 노트

　아이를 우등생으로 만들고 싶다면 오답 노트는 반드시 만들게 해야 한다. 이것은 해도 되고 안 해도 되는 것이 아니다. 오답 노트를 만들지 않으면 결코 공부 잘하는 아이가 될 수 없다. 유난히 머리가 비상해 우등생 축에 낄 수 있을지는 몰라도, 초상위권까지는 올라갈 수 없다. 그만큼 오답 노트는 큰 차이를 만들어낸다.

　오답 노트는 대부분의 우등생들이 여러 가지 방법으로 활용하는데, 문제집을 풀고 틀린 내용을 기록해두는 단순한 것부터, 틀린 문제를 체계적으로 분석하는 것까지 형식도 다양하다.

　초등학생 때는 단순히 틀린 문제를 적어 모아두는 정도에서 시작하면 된다. 문제집을 풀거나 시험을 치고 난 뒤 틀린 문제들을 모아 오답 노트에 적어두는 것인데, 왜 틀렸는지를 간단하게 함께 적어두면 자신의 공부 방법에 대한 문제점들을 찾아내는 데 큰 도움이 된다.

초등학생들의 오답 노트를 분석해보면 실수로 틀린 경우가 가장 많다. 그만큼 아이들에게 있어 시험은 긴장과 불안을 동반한 힘든 과정이다. 엄마가 이러한 사실을 잘 이해하게 되면 시험 성적이 좋지 않은 아이에게 아무 생각 없이 혼내기부터 하는 습관도 없앨 수 있다. 이것 역시 오답 노트가 가지는 순기능 가운데 하나다.

학습의 문제점과 해결점을 동시에 찾아주는 오답 노트

오답 노트를 적는 까닭은 현재 학습 상태의 문제점을 정확하게 찾아내고, 그 해결 방법을 찾기 위한 것이다.

오답 노트를 적다 보면 유난히 자주 틀리는 부분이 있다는 것이 드러난다. 이것이 바로 그 아이가 갖고 있는 문제점이다. 그 부분에 대해 정확하게 이해하지 못하고 있거나, 그 부분에 대한 학습이 부족하다는 신호인 것이다.

문제의 원인을 찾아냈다면 문제 해결은 이미 절반은 된 것이나 마찬가지다. 그리고 해결 방법 역시 오답 노트 자체에 있다고 할 수 있다. 성실하게 오답 노트를 적다 보면 저절로 부족한 부분이 채워지기 때문이다. 따라서 오답 노트를 성실히 적게 되면 중요한 부분을 놓치게 되는 경우가 없어지게 된다. 초등학교 고학년이 되면 학습량이 늘어나면서 공부해야 할 양도 많아져, 자칫 잘못하다가는 중요한 것을 놓치기 쉬운데, 오답 노트를 적는 습관이 몸에 배어 있으면 그런 실수를 미리 막을 수가 있다.

오답 노트는 수학에서 시작해 점차 다른 과목으로 넓혀 나가면 된다. 오답 노트를 만드는 데 특별한 기술이나 원칙이 필요한 것은 아니다. 앞에서 말한 것처럼 처음에는 단지 틀린 문제를 적어 나가는 수준에서 시작하면 된다.

오답 노트를 적는 습관을 갖도록 하는 데 있어 가장 중요한 것은 아이 스스로 오답 노트 적는 재미를 맛보게 하는 것이다. 재미가 있으면 굳이 하라고 하지 않아도 하기 때문이다.

평소 오답 노트를 적게 되면 아이는, 틀려서 오답노트에 적어 두었던 내용이 다음 시험에 다시 나왔을 때 정답을 맞추는 경험을 하게 된다. 이런 경험이야말로 가장 중요한 것인데, 이런 경험을 통해 아이는 오답 노트의 재미를 느끼게 되고, 왜 오답 노트가 중요한지도 저절로 깨닫게 되기 때문이다. 그렇게 되면 아이는 스스로 오답 노트를 열심히 적기 시작한다. 그리고 아이 자신만의 스타일로 오답 노트를 창조해내기도 한다.

평생 우등생을 위한 2
책 읽기와 글쓰기

아이의 평생 힘이 되어주는 독서

독후감보다는 독서 일기를 쓰게 하자

아이와 함께 교과서를 읽자

글 잘 쓰는 아이가 공부 잘한다

글 잘 쓰는 아이로 만드는 4단계 논술 공부법

우등생의 필수 조건, 메모 노트

초등학교 맞춤법 실력이 평생 간다

아이의 평생 힘이 되어주는 독서

　우리나라 대표 작가 가운데 한 사람인 이문열은 서울대를 다니다가 가정 형편상 학업을 중단하고 고향인 경북 영양으로 내려갔다고 한다. 우리나라에서 최고 명문인 서울대를 다니던 학생이 학업을 중단하고 시골로 내려갔으니 얼마나 마음이 어지러웠을까? 그 어지러운 마음을 달래기 위해 이문열은 책을 읽었다고 한다. 하루에 2권 이상의 책을 1년 동안 꼬박 읽었는데, 그렇게 책을 읽고 나니 세상이 보이더라는 말을 했다.

　25살의 나이에 최연소 김수영 문학상을 받은 젊은 소설가 장정일은 중학교만 졸업한 사람이다. 그런 장정일이 유명한 소설가가 되고, 최근에는 대학 교수가 되어 대학생을 가르치게 된 것도 순전히 독서 때문이다.

중학생 시절 장정일이 밤낮으로 읽었다는 〈삼중당 문고〉이야기는 문단에서 아주 유명하다. 더구나 그는 중학교 졸업 뒤 폭력 사건에 휘말려 소년원에 1년 6개월 가량 갇혀 있은 적이 있는데, 그때도 엄청나게 책을 읽었다고 한다. 그러한 독서의 힘으로 그는 대한민국의 대표적인 젊은 작가이자 대학 교수가 되었던 것이다.

젊은 여성 소설가 신경숙도 독서 때문에 인생이 바뀐 사람이다. 신경숙은 가정 형편 때문에 정규 고등학교를 진학하지 못하고 산업체 특별학교를 다녔다. 그리고 졸업 후 공장에서 일했다. 하지만 공장에서 일을 할 때도 손에서 책을 놓지 않았다고 한다. 그리고 공장에서 퇴근을 하면 곧바로 독서실로 가서 밤늦게까지 책을 읽었다고 한다.

이처럼 독서는 한 사람의 인생을 바꾸어 놓을 만큼 강한 힘을 갖고 있다. 그러므로 책을 읽지 않고는 진정한 우등생이 될 수 없다는 사실을 아이들에게 이야기해 주어야 한다. 그렇다면 어떻게 해야 책을 많이 읽는 아이가 되게 할 수 있을까?

아이들과 함께하는 서점 나들이

서울은 물론 지방 중·소도시라도 대형 서점이 한두 군데는 꼭 있기 마련이다. 요즘의 대형 서점은 단지 책을 파는 곳이라기보다 복합 문화공간이라 할 수 있을 정도로 다양한 볼거리와 정보를 얻을 수 있는 곳이기도 하다. 그러므로 아이들과 정기적으로 서점가는 날을 정해 놓으면 어떨까? 그렇게 되면 아이들은 계획적인 독서를 할 수 있게 된다.

딸아이와 함께 내 연구실을 찾아와 상담을 한 적이 있는 한 젊은 엄마는 매월 마지막 토요일 오후면 아이와 함께 서점에 간다고 했다. 그런데 처음에는 별로 내켜하지 않던 딸아이가 어느 순간부터는 혹시라도 일이 생겨 서점에 못 갈까봐 걱정할 정도로 서점 가는 날을 좋아하고 기다린다고 했다.

서점 나들이가 아이와 엄마 모두에게 즐겁고 유익한 것이 되도록 하기 위해서는 몇 가지 기술이 필요하다. 그 가운데 가장 중요한 것은 서점에 들어선 순간 아이와 헤어져야 한다는 것이다. 불안한 마음에 자꾸 아이를 따라다니다 보면 서로 피곤해져 한 번 서점에 함께 갔다 온 뒤로 두 번 다시 가지 않게 될 가능성이 너무 크다.

그러므로 서점에 들어서자마자 일정한 시간을 정해 다시 만나기로 하고, 각자 원하는 코너로 가서 보고 싶은 책을 보는 것이 좋다. 그런 다음 다시 만나 사고 싶은 책을 한 권이나 두 권 사는 것으로 하면 서점 나들이는 언제나 즐겁고 유익하게 된다.

책을 살 때도 엄마가 일방적으로 좋은 책이라 생각하는 것을 사주는 것은 좋지 않다. 조금 불안하고 마음이 안 놓이더라도 아이가 스스로 보고 싶은 책을 고르도록 하는 것이 좋다.

아이가 엄마 마음에 쏙 들지 않는 책을 가져오더라도 나쁜 책이 아니라면 존중해주고 기다려주는 지혜도 필요하다. 이때 드는 비용과 시간은 아이의 독서 습관을 길러 주기 위한 일종의 '수업료'라고 생각하면 된다.

아이가 태어나 걸으려면 엉금엉금 기고, 뒤뚱뒤뚱 걷는 과정이 필요하듯이, 아이가 책을 좋아하게 되고 책을 고르는 안목을 갖추는 데도 나름의 과정이 필요하기 때문이다.

지금 당장 엄마가 생각하기에 좋은 책 한 권을 아이에게 읽히는 것이 뭐 그렇게 중요하겠는가? 중요한 것은 아이가 책을 좋아하게 만들고, 아이에게 책을 잘 고를 줄 아는 안목을 길러주는 것이다. 그래야만 독서가 아이의 평생 힘이 될 수 있다는 사실을 엄마들은 꼭 기억해야 한다.

주말에는 아이와 함께 도서관으로

주말에는 아이와 함께 가까운 도서관으로 가는 것이 좋다. 요즘은 웬만하면 집 주위에 도서관이 있다. 시립이나 구립 도서관은 물론 잘 찾아보면 사설 어린이 도서관이나 동사무소 2층 같은 곳에 있는 작은 도서관도 많기 때문에 생각보다 편리하게 이용할 수 있다.

시나 구에서 운영하는 도서관은 예전과 달리 무척 다양한 시설들을 편리하게 갖춰 놓고 시민들에게 개방하고 있는데, 책을 보고 빌릴 수 있는 것은 물론이고 영화도 볼 수 있고, 각종 DVD나 비디오도 빌려볼 수 있다. 그리고 도서관의 규모에 따라 다양한 강좌들이 무료나 아주 싼 값에 개설되어 있기 때문에 사교육의 대안으로 충분히 활용할 수 있을 정도다.

《기적의 도서관 학습법》이란 책으로 도서관 교육의 열풍을 불러일으킨 이현 씨의 경우, 두 아이를 학원은 물론이고 흔한 학습지 한 번 안 시키고 우등생으로 만든 사람으로 유명하다.

두 아이 모두 도서관에서 동화책을 읽어주는 것으로 한글을 깨우치게 했고, 초등학교에 들어간 딸아이가 수학을 어려워하자 도서관에 데리고 가서 수학과 관련한 동화책을 모두 꺼내 놓고 같이 읽었더니 수학을 어려워하지 않게 되었다고 하는 이야기도 널리 알려져 있다.

더 재미난 이야기는 두 아이에게 영어도 도서관의 영어 동화책으로 가르쳤다는 사실이다. 아이들을 따로 영어 학원에 보내지도 않고, 그저 영어 동화책을 꾸준히 읽어 주었는데 놀랄 정도로 영어를 잘하는 아이가 되었다고 한다.

이처럼 도서관은 학교 교육이 미처 채워주지 못하는 부족한 부분을 보충하는 데 더없이 좋은 공간이다. 그러므로 정기적으로 도서관 나들이를 하는 것은 아이에게 너무 좋은 학습 경험이 될 것이다.

그리고 시간이 지나 아이가 혼자 도서관에 다니게 된다면 이미 그 아이에게 있어 독서는 중요한 생활의 일부가 되어 있을 것이다. 이보다 더 효과적인 교육이 어디 있겠는가?

아이가 혼자 도서관에 간다는 것은 자신이 필요로 하는 정보를 스스로 찾을 수 있는 능력을 갖게 되었다는 뜻이다. 이것은 스스로 공부할 수 있는 아이라는 뜻이므로 그 아이는 벌써 우등생 대열에 들어선 것이나 마찬가지다.

엄마가 책을 읽으면 아이도 읽는다

책을 많이 읽는 아이로 키우고 싶다면 먼저 부모 자신이 책 읽는 모습을 보여야 한다. 아이들은 부모가 하는 행동을 그대로 따라하기 때문이다.

《참좋은 엄마의 참좋은 책읽기》란 책을 쓴 김소희 씨는 서울 동대문구에서 〈책읽는 아이, 책읽는 엄마〉라는 작은 어린이 도서관을 운영하고 있는데, 엄마가 책을 읽기 위해서는 '엄마의 책꽂이'를 갖는 것이 중요하다고 말한다.

엄마의 책꽂이는 글자 그대로 엄마 자신이 보는 책을 따로 꽂아 놓는 작은 책장을 말한다. 식탁이나 소파 옆, 아니면 침대 머리맡이든, 적당한 공간에 작은 책꽂이를 준비하고 '엄마의 책꽂이'라는 이름표를 붙인 뒤 새로 산 책이나 평소 읽고 싶었던 책을 책장에서 꺼내 꽂아 놓는 것부터 시작하면 된다. 그렇게 하면 아이도 엄마의 행동을 흉내 내 자기 방의 책꽂이를 소중하게 생각하고 책을 좋아하는 아이가 된다고 한다.

오늘 당장 자신만의 책꽂이를 만들어 평소 보고 싶었던 책을 꺼내 그곳에 꽂아 놓는 것은 어떨까? 그리고 지나면서 한 번씩 뒤적이기라도 해보는 것은 어떨까? 오래지 않아 책을 펼쳐 읽게 될 것이다. 그때쯤이면 아이도 엄마 옆에 앉아 엄마를 흉내 내며 책을 읽고 있을지 모른다.

재미있어 하는 분야부터 읽게 하자

책읽기 지도는 기본적으로 아이가 재미있어 하는 분야의 책을 권하는 것으로 시작해야 한다. 그러다가 아이가 어떤 특정 분야에 대해 흥미를 보이기 시작하면 좀 더 깊고 넓게 읽게 하면 된다.

그리고 학년이 올라가면 주제별이나 작가별, 시대별로 읽게 하는 것이 도움이 된다. 주제별, 작가별, 시대별로 책을 읽도록 지도하면 아이는 자신도 모르게 자료를 찾고, 그 자료를 활용하는 법을 배우게 된다. 그야말로 독서를 모든 교과목의 기본 바탕으로 삼을 줄 알게 되는 것이다.

이쯤 되면 공부하다가 모르는 것이 있으면 엄마에게 물어보기 전에 책을 찾아 스스로 해결할 수 있는 실력을 갖게 된다. 이른바 스스로 공부하는 아이가 되는 것이다.

이처럼 독서는 지식을 풍부하게 하고, 다양한 간접 경험을 하게 하는 것 말고도 스스로 공부하는 아이로 만들어주는 아주 중요한 기능을 한다. 이런 의미에서 어린 시절 책읽기 교육은 너무나 중요하다고 할 수 있다.

한편, 만화책을 읽는 것도 훌륭한 독서 교육의 한 가지라는 사실을 알아야 한다. 많은 엄마들은 아이가 만화책을 보고 있으면 '공부는 안 하고 만화책만 본다'고 야단을 치는 경우가 많다.

하지만 아이에게는 만화도 다른 책과 똑같을 뿐이다. 그리고 경우에 따라서는 만화가 훨씬 더 효과적일 때도 있다. 어렵고 재미없는 내용을 쉽고 재미있게 바꿔 놓은 경우가 많기 때문이다.

최근에는 이른바 학습 만화라 해서 아이들이 어려워하는 분야의 내용들을 만화로 펴낸 책들이 무척 많다. 같은 내용이라도 만화로 된 것은 아이들이 쉽게 받아들이는데, 이런 만화들을 적절히 활용하면 아이의 지적 호기심도 충족시켜 줄 수 있고, 좋은 독서 습관도 들일 수 있다.

만화를 통해 지적 호기심과 자극을 경험한 아이들은 자연스럽게 책읽기로 발전하기 때문에 만화를 너무 좋아한다고 무조건 걱정할 필요는 없다.

독후감보다는
독서 일기를 쓰게 하자

독서 지도를 하는 엄마들의 공통적인 바람은 아이가 독후감을 멋지게 쓰는 것이다. 그런데 책을 읽는 아이들의 공통적인 바람은 '제발 독후감을 쓰지 말았으면' 하는 것이다. 그만큼 아이들은 독후감 쓰는 것을 싫어한다.

그럼, 그 까닭은 무엇일까? 그냥 하기 싫기 때문일까? 아니다. 독후감 쓰는 것이 너무 어렵고 힘들기 때문이다. 너무 힘들기 때문에 하기 싫어하는 것이다.

독후감 쓰기는 아이뿐 아니라 어른에게도 어렵기는 마찬가지다. 재미난 연애 소설을 읽고 있는 엄마에게 누군가가 "그 책을 다 읽고 나서 독후감을 써 내시오"라고 말한다면 아마 대부분의 엄마들은 독후감 쓰기에 대한 부담감 때문에 소설 자체가 재미없어지고 말 것이다. 그리고 독후감 쓰기가 겁나 책 자체를 안 읽으려고 할 것이다.

아이들이라고 무엇이 다를까? 독후감에 대한 부담감은 어른보다 아이들이 더 크게 느낀다. 그러므로 아이들에게 독후감을 쓰라고 강요해서는 안 된다. 아이가 스스로 쓰겠다고 하면 모르지만 말이다. 독후감을 강요하다 보면 책읽기 자체를 싫어하는 아이로 만들 수 있기 때문이다.

독후감 VS 독서 일기, 그리고 독서통장

독후감은 글자 그대로 책을 읽고 난 뒤 느낀 점을 쓰는 것이다. 책을 읽고 느낀 점이 주체할 수 없을 정도로 솟아오를 때, 그때 자연스럽게 쓰는 것이 되어야 한다.

그렇다고 마냥 읽기만 하면 되는 것일까? 이것도 문제가 있다. 책을 읽고 난 뒤 어떤 모양으로든 정리가 필요하기 때문이다. 다만 그 정리가 아이에게 부담이 되지 않을 정도의 정리가 되어야 한다.

그렇다면 독후 일기나 독서 통장 만들기는 어떨까? 저학년 아이에게는 독서 통장이 좋을 것이고, 고학년 아이라면 독서 일기가 좋을 것이다.

독서 통장은 책을 읽고 그 책에 대한 정보를 간략하게 기록해 놓은 것을 말한다. 책 제목과 지은이, 출판사를 적고, 언제 읽었는지 정도를 기록해 나가면 된다.

독서 일기는 책을 읽고, 그 책을 주제로 일기를 쓰는 것이다. 책을 읽게 된 동기를 밝히기도 하고, 책 내용을 간단히 소개할 수도 있을 것이다. 그리고 책을 읽고 난 뒤 자신의 느낌을 적을 수도 있다.

독서 통장이나 독서 일기는 독후감 쓰기에 비하면 아이들이 훨씬 부담을 덜 느끼는 것이다. 중요한 것은 독서 통장이나 독서 일기를 꾸준히 쓰다 보면 아이들은 자신도 모르게 독후감에 대한 욕구를 느끼게 된다는 사실이다.

실제로 많은 아이들이 처음에는 독서 통장을 쓰다가 나중에 독후 일기를 쓰고, 어느새 독후감을 쓰게 되는 경우가 많다. 그러므로 독후감 쓰기에 앞서 독서 통장이나 독서 일기 쓰기를 먼저 가르치는 것이 올바른 순서라고 할 수 있다.

독후화 그리기도 아이들에게 참 좋은 학습방법이다. 독후화는 말 그대로 책을 읽고 느낀 점을 그림으로 표현하는 것인데, 유치원이나 초등학교 저학년 아이들에게 좋다.

독후화 역시 독후감에 비해 아이들이 훨씬 덜 부담스러워하고, 공부라기보다는 재미난 놀이로 생각하는 경우가 많기 때문에 적극적으로 해볼 만하다.

다만 이때도 너무 욕심을 부려 아이를 힘들게 해서는 안 된다. 독후화는 글자 그대로 아이가 책을 읽고 느낀 점을 표현하는 것이므로, 비록 엄마 눈에 부족해보이는 부분이 많더라도 아이의 표현을 존중해주어야 한다.

엄마들이 꼭 알아야 할 독서교육 5계명

1. 아이와 함께 서점과 도서관을 정기적으로 방문한다.
2. 흥미있어 하는 분야의 책부터 읽게 한다.
3. 엄마가 책을 읽는 모습을 보여준다.
4. 독서 시간을 정하고, 그 시간이 되면 꼭 책을 읽게 한다.
5. 독후감보다는 독서 일기를 쓰게 한다.

아이와 함께 교과서를 읽자

아이들이 공부하는 교과서는 생각 이상으로 좋은 정보를 많이 담고 있다. 그러므로 아이의 독서 지도나 학습 지도를 할 때는 늘 교과서가 우선되어야 한다.

교과서를 소리 내어 읽게 하고, 교과서 내용을 가지고 아이와 이야기를 나누게 되면 독서 지도는 물론이고 효과적인 학습 지도도 된다.

사실 대부분의 엄마들은 교과서를 귀하게 생각하지 않는다. 하지만 요즘의 교과서는 전혀 우습게 볼 것이 아니다. 예전에는 허접한 책의 대명사로 생각했지만 요즘 교과서는 웬만한 어린이 책보다 내용이나 형식 면에서 결코 뒤떨어지지 않는다.

실제로 아이들의 교과서를 찬찬히 읽어보면 다른 어떤 책보다 내용이 알차고 표현이 정확하다는 것을 알 수 있다. 그러므로 교과서 읽기는 독서 지도와 과목별 공부를 동시에 시킬 수 있는 효과적인 방법이다.

교과서 읽기로 우등생이 된 민영

대학 입시가 끝난 뒤 서울대학교에 수석으로 합격한 학생의 인터뷰 기사를 보면 한결같이 교과서를 열심히 공부했다는 이야기를 한다. 그런데 실제로 공부를 잘하는 학생들은 교과서를 재미난 소설책처럼 여러 번 읽기도 한다.

내가 가르친 학생 가운데 2003년도에 서울대학교에 입학한 유민영이란 학생이 있다. 민영 군의 어머니는 교과서를 무척 중요하게 생각했는데, 초등학교 때부터 아이가 새 교과서를 받아오면 처음부터 끝까지 꼼꼼히 소리 내어 읽게 했다고 한다.

교과서를 읽어 본 민영이는 교과서 내용에 대해 강한 호기심을 가졌고, 빨리 새 학기가 시작되어 공부를 하고 싶어했다고 한다. 그렇게 민영 군의 어머니는 방학 때마다 새 교과서로 미리 아이에게 예습을 시켰던 것이다. 그러한 교과서 예습은 중·고등학교까지 이어졌고, 마침내 민영이는 우수한 성적으로 서울대학교에 합격할 수 있었다.

원리와 개념을 알기 쉽게 설명해 놓은 교과서

교과서 읽기가 중요한 이유는, 교과서는 어느 과목을 막론하고 원리와 이해 중심으로 기술되어 있기 때문이다. 그것도 그 학년의 아이가 가장 잘 이해할 수 있는 사건이나 이야기로 설명해 놓았다. 그러다보니 엄마가 어설프게 설명해주는 것보다 교과서를 한 번 읽게 하면 아이들은 훨씬 더 정확하고 빠르게 이해한다.

엄마들은 아이가 어떤 과목의 특정 부분에 대해 이해를 잘 못하면 참고서부터 갖다주는 경우가 많다. 하지만 시중에 나와 있는 참고서의 설명들은 원리와 개념 이해에 초점이 맞춰져 있기보다 시험을 잘 볼 수 있도록 하는 데 초점이 맞춰져 있는 경우가 많기 때문에 교과서만큼 쉽고 명쾌하지가 않다.

그러므로 아이가 어떤 것의 원리나 개념을 이해하지 못할 때는 가장 먼저 교과서부터 읽게 해야 한다. 교과서 속에 아이가 필요로 하는 모든 원리와 개념이 녹아 있기 때문이다.

글 잘 쓰는 아이가 공부 잘한다

　지금의 학부모들이 대학에 들어갈 때 치렀던 학력고사만 해도 논술은 형식에 지나지 않았다. 하지만 지금은 논술이 대입 합격 여부를 결정한다고 할 정도로 중요해졌다.

　서울대학교를 비롯해 명문 대학에 들어가기 위해서는 논술 점수가 높아야 가능하게 되었다. 논술 시험이 예전의 본고사 같은 역할을 하게 되었을 정도이기 때문이다. 그러다보니 논술 전문 학원도 무척 많이 생겨나고 있는 실정이다.

　논술은 다른 과목과 달리 학원이나 과외 수업을 받는다고 하루 아침에 실력이 늘지 않는다. 논술은 그야말로 오랫동안 준비해야 하는 것이고, 그 준비도 일상적인 생활과 밀접한 관련이 있다.

이런 의미에서 2004년 서울대 수석 합격생의 이야기는 논술을 어떻게 준비해야 할지 정확한 답을 말해주는 것이라 할 수 있다. 서울대 합격자 발표가 끝난 뒤 수석 합격생에게 몰려든 기자들은 논술 준비를 어떻게 했는지 물었다. 그러자 그 학생은 이렇게 대답했다.

"삼국지를 13번 정도 읽고 나니 논술이 쉬워졌습니다."

웬만한 학생들은 한 번 읽는 것도 힘든 것을 13번이나 읽었다는 말에 많은 사람들은 깜짝 놀라고 말았다. 그 학생은 논술 시험 대비를 시험을 위한 대비를 한 것이 아니라 평소 생활로 대비했던 것이다.

교과목 공부를 하는 가운데도 틈틈이 책을 읽고, 읽은 책에 대한 자신의 느낌을 정리하고, 가끔은 친구들과 책 내용을 놓고 대화와 토론을 하는 과정을 통해 자연스럽게 논술 시험을 준비했던 것이다.

이처럼 논술은 생활 속에서 오래전부터 준비해야 하는 부분이다. 시험을 앞두고 바쁘게 공부한다고 해결되는 과목이 아니라는 것이다. 이것은 다른 말로 하면 논술 시험은 그야말로 초등학교 때부터 조금씩 준비해야 하는 과목이라는 뜻이기도 하다.

어릴 때부터 책을 읽고 그림을 그리거나, 독서 일기를 쓰고, 간단한 독후감 쓰기를 계속한 아이들은 중·고등학교에 들어가서 특별히 논술 공부를 따로 하지 않아도 논술 시험을 잘 치르게 된다. 기본적인 지식을 많이 쌓아 놓았기 때문이다.

더구나 요즘의 논술 시험은 단지 아는 내용을 적는 것에 머물지 않고, 자신의 생각을 창의적으로 표현해야 하는 경우가 많기 때문에 폭넓은 대화와 토론, 다양한 경험이 무척 중요해졌다. 이러한 과정을 통해 아이들은 나름대로 자신의 가치관을 가지게 되고, 그것을 바탕으로 자신의 생각이나 주장을 자신 있게 표현할 수 있기 때문이다.

가족 간의 대화 역시 논술 시험을 준비하는 무척 중요한 방법 가운데 하나다. 수능시험에서 우수한 성적을 받아 서울대학교에 합격한 학생들의 공통점을 조사해보면 한결같이 가족 간의 대화가 많다는 사실을 알 수 있다.

반대로 공부를 못하는 학생들을 대상으로 생활 습관을 조사해보면 대부분 가족 간에 대화가 없다는 것이 늘 문제로 지적되기도 한다. 그러므로 평소 아이와 대화를 많이 나누는 것이 아주 효과적인 논술 공부법이란 것을 꼭 기억해야 할 것이다.

글 잘 쓰는 아이로 만드는
4단계 논술 공부법

　사람들은 '글'과 '말'을 다른 것이라 생각하는 경우가 많다. 그러다보니 말은 잘하면서 글로 써 보라고 하면 무척 어려워하고 겁을 낸다. 하지만 '글'이란 '말'을 글자로 옮긴 것에 지나지 않는다. 그러므로 말을 할 줄 알고, 글자를 배운 사람이라면 누구나 쓸 수 있는 것이 '글'이다.

　그런데 한편으로는 누구나 말을 할 수 있지만 어떤 사람은 좀 더 조리 있게 말하고, 어떤 사람은 횡설수설 하는 바람에 무엇을 말하는지 알 수 없는 경우도 있다. 다시 말해 말이라고 해서 모두 같은 말은 아니라는 것이다.

　글쓰기도 마찬가지다. 누구나 글을 쓸 수는 있지만, 어떤 사람은 말하고자 하는 것을 정확하게 표현하는 반면, 어떤 사람은 핵심 내용이 무엇인지 도대체 알 수 없는 글을 쓰기도 한다. 글이라고 해서 모두 똑같은 글은 아니라는 뜻이다. 그렇다면 어떻게 쓰는 것이 잘 쓰는 것일까?

본 대로, 들은 대로, 느낀 대로, 생각하는 대로 쓰기

나는 오랫동안 사법 고시생들과 대학원 학생들을 대상으로 논술 강의를 해왔다. 그리고 중·고등 학생들을 대상으로 논술 개인 지도를 하기도 했다.

중·고등 학생들을 대상으로 논술 지도를 할 때는 ①본 대로 쓰기 ②들은 대로 쓰기 ③느낀 대로 쓰기 ④생각하는 대로 쓰기라는 4단계 지도 방법을 사용한다.

1단계의 '본 대로 쓰기' 훈련은, 신문에 난 사진 한 장을 보여주고 그 사진을 글로 표현하는 훈련이다. 2단계 '들은 대로 쓰기' 훈련은 미리 녹음해 둔 뉴스 한 꼭지를 들려주고, 그 뉴스를 듣고 그 내용을 글로 표현하게 하는 훈련이다. 3단계 '느낀 대로 쓰기' 훈련은 1단계에서 보여준 사진을 다시 보여준 뒤 이번에는 느낀 점을 쓰게 하는 것이다. 그리고 4단계에서는 2단계에서 들려준 뉴스를 다시 들려주고 자신의 생각을 쓰게 하는 훈련이다.

이러한 4단계 훈련은 학생 수준에 따라 요구하는 글의 양과 보여주는 사진, 들려주는 내용을 조금씩 달리하면 어떤 학생에게도 적용할 수 있는 훈련 방법으로 초등학교 학생에게도 효과적이다.

저학년 아이라면 동화와 관련된 사진이나 그림을 보여준 뒤, 또는 짧은 동화 한편을 들려준 뒤 1단계에서 4단계까지 '한 문장 쓰기 훈련'부터 하면 된다. 한 문장 쓰기를 잘 하게 되면 두 문장, 세 문장 쓰기로 난이도를 조금씩 높여 가면 되고, 그러면 아이들도 쉽게 따라올 수 있다.

아이들을 힘들게 하는 말, "그냥 생각나는 대로 써!"

사실 글을 쓴다는 것은 흰 종이 위에 새로운 것을 만들어가는 창조 행위나 마찬가지다. 아이들이 글쓰기를 어려워하는 것은 이 때문이다. 아무것도 없는 하얀 종이 위에 그림도 아니고 앞뒤 연결성이 맞아떨어져야 하는 한 문장의 글을 쓴다는 것은 결코 쉽지 않다.

그러므로 아이들의 글쓰기를 지도할 때는 사진이나 그림처럼 구체적으로 눈에 보이는 것을 이용해 한 문장이나 두 문장을 쓰는 훈련부터 시작해야 한다.

그런데도 많은 엄마들은 "그냥 생각나는 대로 써!"라는 말을 쉽게 한다. 엄마들은 아무 생각 없이 아이들에게 이런 말을 하지만, 이런 말만큼 아이를 힘들게 하는 것도 없다.

생각나는 대로 쓴다는 것은 어른에게도 무척 힘든 일이다. 하물며 아직 눈에 보이지 않는 세계에 대한 생각과 지식이 부족한 아이에게 '생각나는 대로' 쓰기란 사실 불가능하다.

그러므로 아이에게 글쓰기 훈련을 시킬 때는 먼저 '눈에 보이는' 뭔가를 앞에 놓고 시작하는 것이 좋다. 그러다가 점점 눈에 보이지 않는 것으로 발전시켜 나가면 나중에는 생각만으로도 좋은 글을 쓸 수 있게 되기 때문이다.

듣고, 옮겨 적기

4단계 훈련을 마치고 나면 '듣고, 옮겨 적기' 훈련을 하는 것이 좋다. 우리나라 작가들은 물론이고 세계적으로 유명한 작가들은 한결 같이 자신이 좋아하는 작가의 유명 작품들을 옮겨 적은 경험이 있다고 한다.

앞서 말한 유미리 씨는 물론이고, 요즘 가장 인기 있는 소설가인 신경숙 씨 같은 작가도 문단에 등단하기 전에 좋아하는 소설을 수없이 옮겨 적었다고 한다.

그렇다면 옮겨 적기가 실제로 글쓰기 실력을 높이는 데 효과가 있을까? 당연히 있다. 그것도 아주 큰 효과가 있다. 많은 학자들은 가장 짧은 시간에 가장 효과적으로 글쓰기 실력을 높일 수 있는 방법으로 '좋은 글 옮겨 적기'를 꼽는다. 그만큼 큰 효과를 내는 것이 옮겨 적기 훈련인 것이다.

나 역시 옮겨 적기 훈련이 가져다주는 효과를 잘 알기 때문에 논술 지도를 할 때는 반드시 이 훈련을 같이 한다.

옮겨 적기 훈련을 할 때는 자신이 좋아하는 작가의 글을 옮겨 적도록 하는데, 그렇게 하면 학생들은 스트레스를 받지 않는다. 그리고 옮겨 적기를 하는 동안 자신도 모르게 문장의 구조를 파악하고, 글을 어떻게 써야 할지 스스로 깨닫게 된다.

한 쪽을 한 줄로 요약하기

좋은 글이란 핵심이 분명하게 드러나는 글을 말한다. 말하고자 하는 것이 무엇인지 글을 읽는 사람이 쉽게 알 수 있어야 한다는 것이다.

그러므로 본 대로, 들은 대로, 느낀 대로, 생각하는 대로 쓴다고 해도 말하고자 하는 중심 주제가 분명하게 드러나지 않으면 좋은 글이 되지 못한다. 그렇다면 어떻게 하면 핵심이 분명하게 드러나는 글을 쓸 수 있을까?

우선 다른 사람의 글을 많이 읽고 핵심을 잘 잡아내는 훈련을 해야 한다. 나는 학생들을 지도할 때 '읽고 요약하기'를 통해 글의 핵심을 잡아내는 훈련을 많이 한다.

'읽고 요약하기'는 누구나 할 수 있는 훈련 방법이다. 교과서 한 페이지 분량의 글을 읽고, 처음에는 글의 내용을 서너 문장으로 요약하게 하고, 다음에는 한 문장으로, 마지막에는 한 두 단어로 요약하게 하는 것이다. 이런 훈련을 많이 하면 글을 읽는 능력도 좋아지고, 핵심이 분명히 드러나는 글을 쓰게 된다.

사실 논술 시험이란 알고 있는 내용을 얼마나 조리 있게 잘 요약해서 표현하느냐의 문제이기도 하다. 그리고 요약이란 전반적인 학습 능력을 알아볼 수 있는 중요한 지표가 되기도 한다. 이런 의미에서도 꾸준한 요약 훈련은 아이들에게 꼭 필요하다.

엄마들이 꼭 알아야 할 글쓰기 교육

1. 대화를 많이 한 아이는 논리적인 글을 쓴다.
2. 책을 많이 읽은 아이는 깊이 있는 글을 쓴다.
3. 메모를 잘하는 아이는 정확한 글을 쓴다.
4. 부모에게 존중받는 아이는 창의적인 글을 쓴다.
5. 사랑을 많이 받는 아이는 따뜻한 글을 쓴다.

우등생의 **필수** 조건, 메모 **노트**

어떤 분야에서 나름대로 성공한 사람들은 자신만의 고유한 습관을 가지고 있고, 그 습관이 그를 성공으로 이끈 경우가 많다. 그래서 서점에 가보면, 성공한 사람들의 습관을 소개해 놓은 책을 많이 볼 수 있다.

성공한 사람들의 습관은 사람에 따라 다르지만 공통적으로 가지고 있는 습관도 있다. 그 가운데 하나가 바로 '메모하는 습관'이다. 어떤 분야에서 성공한 사람치고 메모하는 습관을 가지지 않은 사람은 없다. 그만큼 메모하는 습관은 중요하다. 그러므로 아이를 우등생으로 키우고 싶다면 메모하는 습관을 반드시 길러 주어야 한다.

메모의 효과를 아이가 직접 체험하도록 하라

메모하는 습관은 하루아침에 몸에 배지 않는다. 꾸준한 반복 훈련을 통해 자신도 모르게 몸에 배는 것이다. 그리고 아이에게 메모하라는 잔소리를 한다고 아이가 메모하는 습관을 가지게 되는 것도 아니다. 물론 잔소리를 하면 어느 정도 효과는 있을 것이다. 하지만 궁극적으로는 메모의 효과를 아이가 직접 체험해야 한다. 그런 체험이 많을수록 아이는 메모의 중요성을 알게 되고, 그렇게 되면 저절로 메모하는 아이가 되기 때문이다.

메모의 소중함과 중요성을 알게 해주려면 먼저 가족 메모장을 만들어 쓸모 있게 사용하는 것을 보여주는 것이 좋다.

아이가 초등학교에 들어가면 가족 모두가 함께 사용할 수 있는 메모장을 하나 만들어보자. 메모장은 가족이 모두 사용해야 하기 때문에 공책처럼 큰 것으로 하면 좋다. 그 공책에 가정 생활에 관한 다양한 정보를 적어 두는 것이다.

동네에 새로 문을 연 치킨집이 있다면 그 치킨집의 전단지를 붙여 놓을 수도 있고, 아이의 소풍날이나 운동회 날짜도 적어 놓을 수 있을 것이다. 그리하여 가족 메모장을 펼쳐 보면 가족과 관련한 이러저런 정보들을 알 수 있도록 꾸며 놓으면, 아이는 메모의 중요성과 편리성을 조금씩 느끼게 된다.

메모의 중요성과 편리성을 알게 되면 오래지 않아 자기만의 메모장을 만들려고 하는 것이 아이들의 본능적인 심리다. 아이가 직접 자신만의 메모장을 만들었다면 칭찬해주고, 잘 사용할 수 있도록 방법을 가르쳐주면 된다.

만약 아이가 자기만의 메모장을 만들 생각을 못한다면 엄마가 넌지시 아이디어를 줄 수도 있다. 가족 메모장은 너무 크고, 가족 모두가 함께 봐야 하기 때문에 가지고 다닐 수 없다는 불편함을 알려주면서 자기만의 메모장을 만들어 가지고 다니면 어떻겠냐고 이야기하는 것이다. 그러면 대부분의 아이들은 만들어 달라고 하기 마련이다.

메모장을 만들어주면, 아이들은 어른들의 생각과 달리 재미난 것들을 많이 적는다. 그렇게 해서 아이는 조금씩 메모장의 유익함을 깨닫게 되고, 그 습관은 어른이 되어서도 계속 남게 된다.

이처럼 메모 습관은 엄마가 일방적으로 강요하기보다 메모를 하면 어떤 점이 좋은지를 아이 스스로 계속 느끼도록 해주는 것이 중요하다.

초등학교 맞춤법 실력이 평생 간다

텔레비전에 출연한 연예인들 가운데 가끔 한글을 엉터리로 적는 바람에 전 국민의 웃음거리가 되는 경우가 있다. 가수 K 씨의 '닭' 사건도 그 가운데 하나다.

어느 퀴즈 오락프로그램에서 답이 '닭'인 문제가 있었는데, K 씨가 정답을 '닥'이라고 쓴 것이다. 놀란 사회자가 웃으면서 "틀리게 썼네요" 하자, K 씨는 얼굴을 붉히면서 고쳐 썼는데, 이번에는 그만 '닦'이라고 쓰고 말았다.

이 사건 이후 연예인들을 바라보는 국민들의 시각 속에는 '저런 바보들'이라는 생각이 들어 있기도 했다. 이처럼 그 사람의 실제적인 실력과 관계 없이 단지 글자를 잘못 적었다는 사실만으로 '형편 없음'이라는 낙인이 찍히게 할 수도 있는 것이 맞춤법이다.

비슷한 예로 신입 사원이 보고서를 제출했는데, 내용을 떠나 맞춤법이 엉망이라면 그 보고서의 신뢰성은 형편 없이 떨어지고 말 것이다.

초등 받아쓰기로 완성되는 맞춤법

이처럼 정확한 글쓰기는 경우에 따라 한 사람의 실력 전체를 판가름하는 것이 될 수도 있다. 따라서 맞춤법에 맞는 바른 글을 쓸 수 있는 힘을 반드시 길러줘야 한다.

그런데 중요한 것은 이러한 맞춤법 실력은 초등학교 때 받아쓰기를 통해 완전히 익혀야 한다는 사실이다. 교육 전문가들의 연구 결과에 따르면 대부분의 사람들은 초등학교 때 익힌 맞춤법 실력으로 평생을 살아간다고 한다. 따라서 초등학교 때 받아쓰기를 제대로 공부하지 않아 글자를 틀리게 적게 되면 어른이 되어서도 계속 틀리게 적을 가능성이 크다는 것이다.

중학생 아이들을 지도해보면 실제로 이런 현상을 발견하게 된다. 초등학교 때 제대로 받아쓰기를 공부하지 않은 아이들은 중학생이 되어도 여전히 받아쓰기 실력이 형편없는 경우가 많다. 문제는 이런 아이들을 열심히 훈련시켜 보아도 초등학생만큼 효과가 크지 않다는 사실이다.

초등학생들은 일정 기간 받아쓰기 훈련을 하면 거의 모든 글자를 완벽하게 써 낸다. 그리고 그 실력을 중·고등학교를 거쳐 어른이 될 때까지 온전히 자기 것으로 만들어 버리는 경우가 대부분이다. 하지만 중학생은 다르다. 정확하게 가르쳐주어도 시간이 지나면 또 헷갈려하고 틀리는 경우가 많다.

그렇다면 어떻게 해야 받아쓰기를 잘 할 수 있을까? 받아쓰기를 잘하려면 소리 내어 책을 읽는 것이 가장 좋다. 잘 읽을 줄 아는 아이가 잘 쓸 수 있기 때문이다. 받아쓰기를 못하는 아이들은 공통적으로 정확하게 읽지 못하는 경우가 많다. 그러므로 눈으로만 읽지 말고 반드시 소리 내서 읽는 훈련을 해야 한다.

많이 읽다 보면 한글이 소리 나는 대로 읽을 수 있는 글자라는 것을 아이들은 깨닫게 된다. 그리고 정확하게 읽게 되고, 그렇게 되면 정확하게 쓸 수 있게 되는 것이다.

글로벌 우등생을 위한 3
영어 공부법

행복한 영어 공부법

영어 동화책 읽어주기

외국어에 관심을 갖게 해주는 외국 문화원

영어, 놀이가 되게 하라

큰 소리로 많이 읽게 하라

행복한 영어 공부법

  내 연구실에는 많은 학생들과 학부모들이 공부 방법에 관해 상담을 하러 오는데, 언젠가 중·고등학생들 가운데 영어를 못하는 학생들만 따로 모아 집단 상담을 한 적이 있다(이들 가운데 수학은 뛰어나게 잘하는 학생도 있었다). 그 학생들이 영어를 못하게 된 근본적인 이유가 어디 있는지 궁금했기 때문이다.

  상담 결과 중요한 공통점들을 발견했는데, 그 가운데 하나가 영어에 대한 첫 경험이 무척 안 좋다는 것이었다. 처음으로 영어를 배울 때 무척 어려워했고, 힘들었으며, 영어를 배운 뒤에 가진 간단한 테스트에서 아주 낮은 점수를 받은 경우가 대부분이었다.

  영어에 대한 첫 기억이 힘들고 어렵고, 거기에다 낮은 점수로 실패감까지 맛보게 되다 보니 머릿속에 '영어는 어렵고 힘들다'는 생각이 강하게 새겨져 있었던 것이다.

생애 처음으로 경험한 영어가 너무나 어렵게 다가왔고, 거기다가 실패감까지 겪었다면, 아이는 그 이후에도 계속해서 '영어는 무척 어렵고 복잡해서 난 이해를 잘 못해'라는 생각을 무의식적으로 하게 된다. 이 때문에 그 뒤 여러 가지 학습 방법으로 영어를 아무리 쉽게 가르쳐주어도, 아이는 여전히 영어를 어렵고 자신없는 것으로 느끼게 될 가능성이 높다.

영어에 대한 첫 기억을 행복하게

영어는 이처럼 처음 배울 때 어떻게 느끼느냐에 따라 영어에 대한 아이의 생각이나 받아들이는 정도가 엄청나게 달라진다. 그러므로 영어 공부를 처음 시작하는 아이에게 있어 학습 방법은 무척 중요하다.

아이가 쉽고 재미있게 영어 공부에 접근하게 되면, 아이는 영어를 무척 쉽고 재미있는 것이라 생각하게 되고, 영어에 대해 강한 자신감을 갖게 된다. 그렇게 되면 비록 여러 가지 이유로 초등학교 때는 영어를 잘 못했다고 하더라도 중·고등학교에 올라가 필요성을 느껴 영어 공부를 하려고 할 때 그 아이는 첫 경험에 따라 영어를 무척 쉽고 재미있는 것으로 생각해 어렵지 않게 영어를 공부해낸다.

그런데 영어에 대한 최초의 기억이 재미없고 힘들고 어렵다고 각인되면 그 아이는 평생 영어를 그렇게 생각하게 된다. 이런 기억을 가지고 있는 아이가 영어를 잘 하기는 무척 어렵다. 더구나 이런 기억을 수정해주는 것도 쉽지 않고, 시간이 많이 걸린다는 사실이다.

한때 아이의 영어 발음을 좋게 하기 위해 혀 밑 부분을 잘라내는 수술이 유행해 사회적으로 큰 문제가 되었던 적이 있다. 그런 수술을 받은 아이가 얼마나 영어 발음이 좋아졌는지는 모르지만, 수술대에 오른 그 아이의 공포를 생각해본다면 긍정적인 효과보다는 부정적인 효과가 클 것이라는 것을 쉽게 짐작할 수 있을 것이다.

그 아이는 영어라는 말을 들으면 곧바로 혀 수술을 떠올릴 것이고, 수술을 해서 혀 밑 부분을 잘라야 할 정도로 어렵고 힘든 것이라는 생각이 밀려올 것이다.

쉽고 재미있다는 생각으로 자신감을 갖고 해도 어려울 수 있는 것이 외국어 공부다. 그런데 출발부터 아프고, 어렵고, 힘들다는 생각으로 영어를 공부하게 되는 아이가 과연 얼마나 자신감 있게 공부할 수 있을까?

영어를 싫어하는 아이가 되지 않도록 하자

일찍 영어를 가르치는 것은 좋지만, 그 방법은 아이가 즐거워하고 재미있어 하는 것이 되어야 한다. 그렇지 않으면 하지 않은 것만 못하기 때문이다.

그렇다면 어떻게 하면 영어에 대한 첫 경험을 달콤하고 재미있는 것으로 만들어줄 수 있을까? 이것은 엄마가 정성을 갖고 오랫동안 고민해 보아야 할 문제다. 고민을 하게 되면 여러 가지 방법이 나오기 마련이다.

이때 중요한 것은 고민의 '내용'이다. '아이가 영어를 못하면 어쩌지'라는 고민을 하게 되면 엄마는 마음이 초조해지고 불안해진다. 그리고는 그런 불안을 없애기 위해 아이에게 이런저런 학습지를 시키거나 학원에 보내게 된다. 이 과정에서 아이의 의사는 철저히 무시되는 경우가 많다. 왜냐하면 엄마의 고민은 오로지 '아이가 영어를 못하게 되면 어떻게 하나'라는 한 가지 걱정으로 가득 차 있기 때문이다.

반면 엄마가 '아이가 영어를 싫어하게 되면 어떻게 하나'라는 고민을 하게 되면 영어 학습에 대한 접근 방식이 완전히 달라진다. 아이가 영어를 잘하기 위해서는 먼저 영어를 좋아해야 하고, 좋아하도록 하기 위해서는 아무 방법이나 함부로 사용해서는 안 되기 때문이다.

그 결과 엄마는 학습지를 시키거나 학원에 보낸다 하더라도 아이가 잘 따라하고 좋아하는지 늘 세심하게 살피게 된다. 그리고 아이가 힘들어하거나 좋아하지 않는다고 판단되면, 현재의 공부 방법에 대해 진지하게 고민하면서 계속할 것인지 중단할 것인지를 결정하게 된다. 모든 것을 아이 중심으로 진행하고 판단한다는 이야기다.

이뿐만 아니라 엄마는 어떻게 하면 아이가 영어를 재미있게 공부할 수 있을지 늘 생각하게 되고, 때로 좋은 방법을 직접 찾아 아이에게 적용해보게 된다.

이처럼 '영어를 못할까봐'를 걱정하게 되면 모든 것이 엄마 위주로 진행되지만, '영어를 싫어하는 아이가 될까봐'를 걱정하게 되면 아이 중심으로 움직이게 된다.

초등학교 영어 공부는 되도록 아이 중심으로 진행되어야 하고, 그것은 가능하면 재미있고 쉬운 것이 되어야 한다. 그리하여 영어를 잘하는 아이가 아니라 영어를 좋아하는 아이로 만드는 것이 중요하다. 좋아하게 되면 머지않아 잘하게 되기 때문이다.

영어 동화책 읽어주기

어른의 뇌는 무게가 약 1,800g 정도 되는데, 갓 태어난 아기는 겨우 500g 정도밖에 되지 않는다고 한다. 500g밖에 되지 않는 뇌를 갖고 세상에 나온 아기는 태어난 직후부터 뇌가 엄청난 속도로 자라기 시작해 사춘기 무렵이 되면 거의 어른 뇌만큼 자라게 된다.

그러다보니 어린 시절에 아이들은 스펀지처럼 엄청난 양의 정보를 빨아들이는 능력을 보인다. 아이들이 어른에 비해 학습 능력이 뛰어난 이유가 여기에 있다.

보통의 초등학교 1학년 아이라면 정규 학교 수업은 물론이고 두세 군데 이상의 학원 공부까지 하는 것이 요즘의 현실이다. 어른들은 '당연히 그 정도는 해야지'라고 생각하기 쉽지만, 사실 아이들이 소화해내는 하루 학습량은 실로 엄청나다. 만약 어른들에게 아이들이 하고 있는 만큼의 학습을 날마다 해내라고 한다면 1주일 이상 버텨낼 사람이 거의 없을 것이다.

그런데도 아이들은 해내고 있다. 이것은 기본적으로 아이들이 에너지가 넘치기 때문이고, 뇌가 성장하는 단계에 있어서 엄청난 양의 정보를 받아들이고, 정리하고, 저장하는 능력이 있기 때문이다.

이런 관점에서 생각하면 영어 공부 역시 아이들에게는 어려운 것이 아닐 수도 있다. 영어는 그저 새로 배워보는 종이접기나 찰흙으로 인형을 만드는 것과 비슷하다고 할 수 있다.

이러한 아이들의 특성을 잘 이용하면 재미있고 쉽게 영어를 가르칠 수 있다. 그 가운데 하나가 영어 동화책 읽어주기다.

한글 동화를 읽어주듯이 영어 동화책을 읽어주자

서너 살 아이에게 한글 동화를 읽어준 경험이 있는 엄마들은, 글자를 모르는 아이도 몇 번 읽어주다 보면 내용을 정확하게 이해하고 있다는 사실을 알게 된다. 글자를 전혀 모르는 아이가 그림만 보고도 말풍선 안의 '안녕', '고마워' 같은 글자들을 정확하게 읽어내는 것이다.

이와 마찬가지로 영어로 된 동화책을 읽어주면 아이들은 어른들의 걱정과 달리 그 뜻을 정확하게 알아듣는다. 물론 내용이 아주 단순하고 그림의 표현이 정확하며, 글자가 많이 없는 동화책일 때 그렇다.

그러므로 아이들에게 영어 동화책을 읽어주다 보면 굳이 번역을 해줄 필요가 없다는 것도 알게 된다. 그림과 함께 글자가 펼쳐지기 때문에 'Sun'이란 단어를 굳이 '해'라고 하지 않아도 아이는 그림을 통해 'Sun'을 '해'로 알아듣는다는 것이다. 그리고 어른보다 훨씬 더 동화의 내용을 잘 이해하기까지 한다.

영어 동화를 듣고 자라면 영어 소설을 읽게 된다

이처럼 아이에게 즐겁고 행복하게 영어 공부를 시키고 싶다면 영어 동화책을 읽어주는 것부터 시작하는 것이 가장 좋다.

영어 동화책은 도서관에서 빌려보면 된다. 요즘에는 국내에서 개발한 영어 동화책도 많기 때문에 아이가 흥미를 가질 만한 책이 무척 많다. 그리고 동화책 중에는 카세트테이프나 시디가 함께 있는 것도 있으므로 이들을 빌려 아이와 함께 들으면 더욱 좋다.

최근 외국에 한 번도 가본 적이 없는 중학생이 토익 시험에서 만점을 받아 화제가 된 적이 있다. 그 학생의 경우도 엄마가 어릴 때부터 영어 동화책을 많이 읽어준 것이 큰 도움이 되었다고 한다.

어릴 때 엄마가 읽어주는 영어 동화책은 아이에게 엄청난 영향을 미친다. 엄마가 읽어준 영어 동화를 기억하는 아이는 초등학생이 되면 스스로 영어 동화책을 찾아 읽게 되고, 중학생이 되면 재미난 영어 소설을 읽는 데까지 발전한다.

이런 아이에게 있어 영어는 더 이상 지겹게 공부해야 하는 학과목이 아니다. 그저 재미있는 책을 읽을 수 있게 해주는 고마운 것일 뿐이다.

실제로 서울대 진학을 목표로 공부하는 고등학생들 가운데는 영국이나 미국 소설로 영어를 공부하는 학생들이 무척 많다. 나 역시 고등학교 때 영문 소설을 읽으면서 영어 공부를 했다.

영문 소설로 영어 공부를 하는 학생들의 이야기를 들어보면 '영어 공부도 하고 재미난 소설도 읽는다' 는 생각을 갖고 있는데, 널리 알려진 고전 소설부터 시작해 최근 소설까지 읽는다고 한다. 그러다보니 요즘 서점에는 학생들이 읽을 만한 쉬운 영어 소설들이 무척 많이 나와 있다.

이제 도서관에 가게 되면 아이를 위한 영어 동화책도 빌려보자. 재미난 영어 동화책을 아이와 함께 읽다보면 어느 순간부터 아이는 영어 자체에도 관심을 가지게 될 것이다.

외국어에 관심을 갖게 해주는
외국 문화원

　조금이라도 여유가 있는 부모들은 아이들을 외국으로 영어 연수를 보내는 것이 유행처럼 번지고 있다. 영어를 효과적으로 배우기 위해서는 영어를 사용하는 나라에 직접 가서 외국인과 함께 생활해보는 것이 많은 도움이 된다고 생각하기 때문이다. 맞는 이야기다. 여유가 된다면 외국으로 연수를 가는 것도 좋다.

　하지만 외국 연수를 가는 것이 쉽지만은 않다. 우선 돈이 많이 들고, 낯선 곳에 아이들을 보낸다는 것은 여러 가지로 위험할 수 있다. 더구나 처음에는 시행착오도 각오해야 한다.

　특히 문제가 될 수 있는 것은 2～4주 정도의 짧은 해외 연수다. 단 몇 주 동안이라도 해외 연수를 갔다 온 아이는 그렇지 않은 아이보다 분명 좋은 점이 있을 것이다. 하지만 단 한 번 외국 연수 경험을 했다고 해서 아이가 영어에 대한 두려움을 없애고 영어를 잘하게 되지는 않는다.

그런데 엄마의 처지에서는 수백만 원을 들여 보낸 것이니만큼 기대치가 무척 높아지기 마련이고, 아이는 엄마의 기대치만큼 향상된 영어 실력을 갖고 돌아오지 않는 경우가 많다. 그야말로 '경험'에 지나지 않는 경우가 많기 때문이다. 이 때문에 엄마와 아이 사이에는 묘한 갈등이 생기고 만다.

'그렇게 많은 돈을 들여 갔다 왔는데 겨우……'

이런 생각을 하게 되면 엄마의 마음은 급해지면서 아이를 더 다그치게 된다. 그렇다고 아이가 엄마의 바람대로 실력이 쑥쑥 느는 것도 아니다. 오히려 아이는 영어에 대한 부담감과 두려움만 갖게 되어 결과적으로 영어에서 더욱 멀어지게 될 위험이 크다. 어학 연수를 갔다 온 것이 오히려 해가 되는 경우라 할 수 있다.

영어는 학습 이전에 생활이 되어야 한다

물론 해외 연수를 통해 영어에 대한 자신감을 갖고 실력이 향상된 아이들도 많을 것이다. 하지만 대한민국의 모든 아이들이 수백만 원을 들여 해외 연수를 갈 수 있는 것은 분명 아니다.

다행히 최근에는 영어 마을이라 하여 외국과 똑같은 상황을 만들어 놓고 영어 연수를 받을 수 있도록 꾸며 놓은 곳이 많이 생겼다. 하지만 이 역시 비용이 만만치 않다. 그런데 중요한 사실은, 비용은 둘째치고, 해외 어학 연수든, 국내 영어 마을에서 하는 연수든 모두 인위적인 학습이라는 점이다.

하지만 영어란 학습 대상이기 이전에 실생활에서 필요한 일종의 '도구'다. 따라서 아이가 실생활에서 자연스럽게 영어를 접할 수 있도록 하는 것이 중요하다.

이런 의미에서 어학 연수보다 오히려 '외국 여행'이 아이들에게는 더 효과적인 영어 공부를 할 수 있는 기회가 될 수 있다. 외국 여행을 하게 되면 자연히 영어를 사용하게 되고, 그때 사용하는 영어는 학습을 위한 영어가 아니라 생활을 위한 영어가 되기 때문이다.

아이들은 여행을 하면서 외국 사람들에게 길도 물어보고, 비슷한 또래의 외국 아이들에게 말도 걸어보고 싶을 것이다. 그러면서 자연스럽게 영어의 쓰임새와 필요성을 알게 되고, 그것은 영어 공부에 대한 강한 동기로 이어지게 된다.

하지만 해외 여행 역시 손쉽게 갈 수 있는 것이 아니라는 데 문제가 있다. 그렇다면 다른 방법은 없을까? 물론 있다. 외국 여행을 가지 않고도 마치 외국 여행을 하는 것처럼 외국인을 만나고 외국 문화를 접할 수 있는 곳이 있다. 바로 외국 문화원에 가는 것이다.

우리나라 속의 다른 나라

외국 문화원은 서울에 많이 몰려 있지만 부산이나 대구, 광주, 대전 같은 지방 대도시에도 몇 군데가 있다. 이러한 외국 문화원은 아이들에게 외국어에 대한 다양한 경험을 자연스럽게 접하게 할 수 있어 해외 어학 연수 못지않게 좋은 체험이 될 수 있다.

우리나라에 있는 외국 문화원들은 자기 나라의 문화를 소개하는 것이 가장 중요한 사업이기 때문에 그 나라에 대한 재미있고 다양한 정보를 많이 소개해 놓고 있다. 이런 정보들은 아이들에게 살아 있는 외국 문화 체험학습이 된다.

다만 한 가지 단점이라면 앞서 이야기한 것처럼 외국 문화원들이 서울과 지방 대도시에 몰려 있다는 것과 몇몇 문화원을 빼면 토요일과 일요일에는 문을 열지 않는다는 것이다. 하지만 한 달에 한 번 정도 날짜를 정해 아이와 정기적으로 방문하거나, 특히 방학을 이용해 문화원 순례 계획을 짠다면 크게 문제되지 않을 것이다.

더구나 회원으로 등록하면 각종 책과 비디오, 시디도 빌릴 수 있다. 그리고 정기적으로 문화원을 방문하다 보면 아이들을 위한 다양한 프로그램을 이용할 수도 있게 되는데, 다른 곳에 비해 값이 싸고 내용은 충실하기 때문에 아이와 함께 참여해볼 만하다.

재미있는 것은 각국 문화원에는 그 나라 사람들이 직원으로 일을 하기 때문에 외국인과 직접 대화도 할 수 있다는 사실이다. 이른바 살아있는 어학 연수가 되는 셈이다. 학습용으로 외국인과 주고받는 틀에 박힌 영어가 아니라 필요에 의해서, 궁금한 것을 물어보고 도움을 청하는 실제 상황에서 영어를 공부할 수 있는 것이다.

아이들은 관심과 흥미가 있는 것에 대해서는 학습 욕구를 강하게 가진다. 일본 애니메이션을 좋아하는 아이들이 시키지 않아도 일본어를 공부하는 것처럼 말이다.

그러므로 외국어를 잘하는 아이로 키우고 싶다면 먼저 외국에 대해 관심과 흥미를 가질 수 있도록 다양한 자극을 제공해주는 것이 중요하다. 이런 의미에서 외국 문화원 가기는 비용에 대한 부담도 없고, 비교적 손쉽게 아이들에게 외국 문화를 경험하게 해줄 수 있는 좋은 방법이니 꼭 실천해보자.

영어, 놀이가 되게 하라

초등학교 3학년이 되면 아이들은 학교에서 정식으로 영어를 배우기 시작한다. 그러므로 초등학교 3학년 이전에 하는 영어 공부는 대부분 사교육이다.

영어 사교육은 학원이나 학습지가 가장 일반적이고, 좀 더 돈에 여유가 있는 부모들은 외국인이나 외국 유학 경험이 있는 사람을 교사로 삼아 그룹 과외를 시킨다. 문제는 이러한 선행 학습이 과연 아이들 영어 실력에 얼마나 도움이 될까 하는 것이다.

현장에서 직접 영어를 가르치고 있는 초등학교 교사들의 이야기를 들어보면 영어 과목에서는 학습 부진아가 없다고 한다.

이것은 말해주는 바가 아주 크다. 초등학교 3학년이면 이미 공부 잘하는 아이와 못하는 아이가 조금씩 구분되는 시기다. 그런데 영어만큼은 잘하는 아이와 못하는 아이가 크게 구분되지 않는다는 것이다. 그렇다면 이 이야기는 무엇을 뜻하는 것일까?

초등학교 3학년 교실에는 일찍부터 영어 공부를 한 아이도 있을 것이고, 영어라고는 전혀 공부해보지 못한 아이도 있을 것이다. 그런데도 잘하는 아이와 못하는 아이가 두드러지게 구분되지 않는 것은 도대체 왜 그럴까?

이것은 영어 실력 자체에 차이가 없다는 이야기는 아니다. 다만 이미 영어를 많이 공부한 아이나, 전혀 영어를 공부하지 않은 아이나 초등학교 3학년 영어만큼은 무리 없이 소화해낼 수 있다는 이야기다.

그러므로 학교 영어를 위한 이유라면 굳이 미리 영어 공부를 시킬 필요가 없다는 뜻이기도 하다. 이것은 현직 초등학교 교사들이 공통적으로 하는 이야기다.

오히려 미리 영어를 공부한 아이 가운데 너무 강압적으로 영어를 배운 아이들은 영어를 잘하기는 하지만 좋아하지는 않는다고 한다. 그러다보니 수업 시간에 흥미를 보이지 않고 수동적으로 앉아 있는 경우가 많다고 한다.

반대로 영어 공부를 한 적이 없는 아이들은 처음 배우는 영어를 너무 재미있어 하면서 수업에 무척 적극적이라고 한다. 심지어 국어나 수학에서는 심한 학습 부진을 보이는 아이들도 영어만큼은 재미있어 하고 잘하는 경우도 많다고 한다. 그런가 하면, 원래 공부하기를 싫어하던 아이가 영어를 재미있게 공부하면서 다른 과목도 덩달아 열심히 하는 경우도 있다고 한다.

즐거운 영어 시간

중·고등학교에서는 영어 수업이 가장 힘든 시간인데, 신기하게도 초등학교에서는 가장 재미있는 수업 시간이다. 교사들도 재미있어 하고 아이들도 즐거워한다.

그 까닭은 여러 가지가 있겠지만, 새로운 것을 배울 때 아이들이 보여주는 강한 집중력과 호기심이 한몫하는 것이 틀림없다. 그러한 호기심을 충족시켜주는 회화와 놀이 위주의 영어 수업 방식도 아이들에게 영어에 대한 첫 인상을 좋게 하는 데 한몫을 한다.

그러므로 영어를 잘하는 아이가 되기를 바란다면 이러한 시스템을 잘 이해해야 한다. 무조건 비싼 학원에 보내고, 그보다 더 비싼 원어민 강사에게 고액 그룹 과외를 시키는 것만이 좋은 것이 아니라는 이야기다.

영어는 학생 때 잠깐 배우고 말 것이 아니다. 평생을 두고 배워야 할 만큼 점점 더 중요해지고 있다. 그렇다면 먼저 영어를 좋아하고 즐길 줄 알게 하는 것이 중요하다.

'아는 것은 느끼는 것만 못하고, 느끼는 것은 즐기는 것만 못하다' 는 말이 있다. 영어를 잘하는 사람들은 영어를 즐긴다. 평소에 팝송을 듣고, 외국 영화나 드라마를 보고, 영어 소설책을 읽는다. 이런 사람들에게 영어는 공부가 아니라 즐거운 오락이나 마찬가지다.

그러므로 아이들도 영어를 즐기게 해주어야 한다. 공부를 싫어하는 아이들이 영어 수업만큼은 재미있어 하는 까닭은 영어 수업이 주는 즐거움 때문이다. 영어로 된 노래를 부르며 춤을 추고, 친구들끼리 역할을 정해 영어로 대화를 주고받는 것은 공부이기 이전에 놀이와 비슷하기 때문이다.

영어를 공부로만 접근하게 하면 아이들은 반드시 도망가려고 한다. 그러므로 영어만큼은 공부 이전에 즐거운 놀이가 될 수 있도록 해야 한다. 앞서 이야기한 것처럼 도서관에서 영어 동화책을 빌려 아이에게 읽어 주거나, 영어로 된 만화 영화를 함께 보고, 영어 학습용으로 개발된 인터넷 상의 재미있는 게임을 아이와 함께 해보자. 아이는 영어를 너무 재미있어 할 것이다.

큰 소리로 많이 읽게 하라

　영어 학원에 몇 달 다닌 아이가 영어 교재를 읽는 소리를 듣고 깜짝 놀라는 엄마들이 많다. 아이의 발음이 원어민에 가까울 정도로 좋기 때문이다.

　엄마 자신은 중·고등학교부터 시작해 대학 때까지 영어를 공부했지만 발음이 시원찮은 것이 늘 불만이었는데, 아이는 얼마 공부한 것 같지도 않는데 발음이 너무 좋은 것이다. 그래서 자기 아이가 특별히 영어를 잘하는 것은 아닌가 하는 착각을 하기도 한다.

　오래 공부하지 않아도 아이들의 영어 발음이 원어민에 가까울 정도로 좋아지는 데는 이유가 있다. 어른들은 영어를 배울 때 이미 완벽하게 학습한 모국어의 도움을 받는다. 그리하여 먼저 발음 기호표를 익히고, 그 기호표 대로 영어 철자를 읽는 법을 배운다. 그러다보니 실제 영어 발음과 차이가 나는 경우가 많다. 말로 언어를 배우는 것이 아니라 '글자'로 언어를 배우기 때문이다.

반면 아직 모국어를 완벽하게 구사하지 못하는 아이들은 모국어에 의지해 영어를 배우는 것이 아니라 외국어를 말 곧, 소리 그대로 받아들인다. 그러다보니 테이프에서 흘러나오는 외국인의 발음 곧, 소리를 그대로 따라하게 되고, 결국 원어민의 발음과 거의 똑같게 되는 것이다.

영어 학원에 두어 달 다닌 아이가 아는 단어는 몇 개 안 되지만 발음은 마치 외국인처럼 유창한 이유는 이 때문이다. 그러다보니 많은 엄마들이 영어만큼은 어릴 때부터 시켜야 한다고 생각하는 것이다. 발음만큼은 어릴 때 바로 잡아줘야지, 어른이 되어서 고치기란 거의 불가능할 정도로 힘들다는 것을 이미 스스로 경험했기 때문이다.

낭독은 두뇌의 샤워

아이들은 영어 문장이나 노래를 듣고 즐겨 따라한다. 이것은 언어를 배우는 데 있어 매우 좋은 방법이다. 그러므로 되도록 큰 소리로 많이 따라 읽고 노래하도록 해야 한다.

교육학자들은 '낭독은 두뇌의 샤워다'는 말을 한다. 그만큼 소리 내어 읽는 것은 학습 능력을 높이는 데 무척 효과적인 방법이다.

아이들이 어른보다 더 좋은 발음을 구사하고, 더 빨리 영어를 배우는 것은 어른보다 훨씬 더 많이 그리고 더 자주 영어를 입으로 소리 내어 말하기 때문이기도 하다.

이런 현상은 더 어린 아이일수록 더 자연스러운데, 외국에 이민 간 가족 가운데 서너 살 아이가 가장 먼저 그 나라 언어를 배운다는 사실만 봐도 잘 알 수 있다.

외국어는 다른 과목과 달리 실용 학문이고, 배워 써먹어야 하는 것이다. 써먹는 방법은 그 나라 사람들과 말로 의사소통을 하고, 그 나라의 글을 읽는 것이다. 예전에는 영어를 읽을 줄 아는 것이 더 중요했고 입으로 말하는 것은 별로 중요하지 않았지만, 오늘날에는 읽는 것 못지않게 말하는 것이 중요해졌다. 그러므로 당연히 소리 내어 읽어야 한다.

사실 언어란 말을 먼저 배우고 그 다음에 글을 배우는 것이 바른 순서다. 그런데 지금까지 우리나라는 거꾸로 해왔다. 엄마 세대의 어른들이 중·고등학교, 대학, 직장인이 되어서까지 영어를 공부하지만 외국인과 말 한 마디 제대로 못하는 이유도 여기에 있다.

따라서 아이들에게 효과적인 영어 학습을 시키려면 소리 내어 읽는 훈련을 꾸준히 시켜야 한다.

영어책 통째로 외우기

소리 내어 읽는 것은 일종의 말하기 훈련이기도 하고, 또 자기 목소리를 들을 수 있기 때문에 듣는 훈련이기도 하다. 따라서 아이들은 소리 내어 읽는 과정을 통해 영어에 대한 감각을 비약적으로 키워 나갈 수 있다.

실제로 지방의 어느 작은 군에서는 그 지역 중학교 아이들을 대상으로 영어 교과서를 통째로 외우는 대회를 해마다 열고 있다. 이 대회에서 일정 이상의 등수에 들면 미국 어학 연수를 가게 되는데, 1년에 10명 이상이 뽑혀 미국으로 간다고 한다.

이 대회에서 1등을 했던 한 여학생은, 영어 교과서를 통째 소리 내어 외우고 나니 외국 사람을 만나도 전혀 겁나지 않았고, 어려웠던 작문도 쉬워져 영어 일기도 쓰게 되었다는 말을 했다.

이처럼 영어 책을 소리 내어 읽게 되면 회화에도 자신이 생기고 어렵기만 하던 작문도 쉬워진다. 이것이 '낭독의 힘'이다.

영어를 잘하는 아이로 만들기 위해서는 하루에 10분 이상 꾸준히 영어 교과서나 동화책을 소리 내어 읽게 하는 것이 좋다. 그리고 힘들어하지 않는다면 교과서의 한 챕터나 간단한 영어 동화책 전부를 외우도록 하는 것도 좋은 방법이다.

그런 다음 읽기 훈련이 어느 정도 되고 나면, 영어 동화책을 읽어주고 아이에게 받아적게 하는 것도 괜찮다. 아이들은 어른과 달리 발음이 정확하기 때문에 생각보다 훨씬 쉽게 단어나 문장을 받아 적는다.

대한민국이 좁은 아이들

이미 여러 대학에서는 토플과 토익 점수가 합격 기준을 통과한 학생에게만 졸업 자격을 주는 졸업인증 제도를 받아들였다. 그러므로 앞으로는 대학을 졸업해도 학사모를 쓰지 못하고 수료증만 받는 학생들이 생겨날 전망이다. 이제는 영어를 못하면 전공과 상관없이 대학 졸업장도 못 받는 시대가 되고 만 셈이다.

영어는 이제 국제어를 넘어 세계인의 언어가 되었다. 그러므로 세계의 정치, 경제, 문화의 흐름을 알기 위해서는 어느 정도의 영어 실력을 가지고 있어야 하고, 그래야만 세계 무대에서 영향력을 발휘하는 사람이 될 수 있다.

우리나라의 대표적인 명문 사립고가 '대한민국이 좁은 아이들' 이란 캐치프레이즈를 내세우며 국내가 아니라 국제 사회의 인재를 키우기 위한 교육으로 방향 전환을 한 것도 이 때문이다.

우리나라 안에서, 우리나라 사람끼리 경쟁하던 시대는 이미 지나갔다. 이제는 국제 사회에서 세계인들을 대상으로 경쟁을 벌여야 할 시대다. 그러니 오늘부터, 세계를 품은 아이를 꿈꾸며, 아이와 재미난 영어 동화책 한 권 소리 내어 읽어보자.

아이의 인생을 바꿔 놓는 아버지의 한 마디

노래하는 의사로 유명한 김창기 씨는 아버지 때문에 열심히 공부해서 정신과 의사까지 된 사람이다. 김창기 씨는 초등학교 때만 해도 공부를 아주 못했다고 한다. 공부도 못할 뿐더러 늘 산만하고 장난을 많이 쳤기 때문에 학교에만 가면 하루 종일 야단만 맞고 벌을 섰다고 한다.

그러던 어느 날, 너무 공부를 못하는 아들이 걱정이 되었던지 김창기 씨의 아버지가 '오늘부터 하루에 30분씩 공부를 가르쳐 주겠다' 며 초등학교 4학년이던 김창기 씨를 불러 놓고 직접 공부를 가르쳐주었다고 한다.

늘 무섭게 야단을 치던 아버지가 자상하게 공부를 가르쳐주자 김창기 씨는 너무나 행복했다고 한다. 그리고 그때부터 공부를 좋아하고 열심히 하게 되었고, 줄곧 우수한 성적을 유지해 마침내 연세대학교 의과 대학에 들어갈 수 있었다고 한다.

아버지가 아이들과 함께하는 물리적인 시간은 엄마보다 적긴 하지만 미치는 영향은 무척 크다. 바꾸어 말하면, 아이들은 그만큼 아버지의 따뜻한 손길과 사랑을 받고 싶어한다는 것이다.

아버지의 따뜻한 격려 한 마디가 아이를 크게 바꾸어 놓을 수 있다는 것을 명심하고, 아이를 격려하고 용기를 북돋아주는 데 인색하지 말아야 한다. 당장 오늘부터 '아빠와 함께하는 5분' 을 만들어보는 것은 어떨까?

우등생 중의 우등생을 위한 4 수학 공부법

수학을 왜 배워야 하는지 아이 스스로 느끼게 하라

수학의 원리를 이해하라

수학 우등생이 되기 위한 밑거름, 큰 수 읽기

분수의 사칙연산을 마스터해야 할 초등 5학년 수학

도형에 대한 개념 정확히 이해하기

문장제 문제를 잘 풀어야 진짜 수학 우등생

수학이 즐거운 아이들

광고지를 이용한 재미있는 기초 계산력 훈련

아이의 집중력이 높은 시간에 수학을 공부하라

수학을 **왜** 배워야 하는지
아이 스스로 느끼게 하라

고등학교 졸업 뒤 대학 입학시험을 볼 때 가장 큰 변수로 작용하는 과목은 아무래도 수학과 영어일 것이다. 실제로 학생들이 가장 어려워하는 것도 이 두 과목이다.

이러한 사실은 엄마들도 잘 알고 있다. 그러다보니 엄마들은 이미 초등학교 때부터 어떻게 하면 아이가 수학과 영어를 잘하게 할 수 있을까 많은 고민을 하는 것이다.

그렇다면 초등학교 때 수학과 영어를 어느 정도까지 공부하도록 해야 할까? 이 문제는 대한민국의 모든 엄마들이 공통적으로 가지는 고민거리라고 할 수 있다.

어떤 과목이나 마찬가지겠지만, 특히 영어와 수학은 공부에 대한 초기 경험이 무척 중요하다. 수학 공부에 대한 첫 경험이 좋지 않은 아이들은 중·고등학교에 올라가서도 마냥 수학을 어려운 것이라 생각하는 경향이 강하다.

어떤 일이든지 '어렵다'는 선입견을 갖고 시작하면 그 일에 대한 자신감이 떨어져 끝까지 어렵게 되고, 많은 경우 성공하기보다는 실패할 확률이 더 높다.

'수학은 가게에서 맛있는 과자를 사먹은 뒤 돈을 주고받을 때 필요한 재미있고 쉬운 계산에 지나지 않아'라고 생각하는 아이와, 왜 공부해야 하는지도 모른 채 어려운 수학 문제를 풀고 수학을 못한다고 야단을 많이 맞은 아이가 수학에 대해 가지는 생각이 같을 수는 없다.

수학이 쉽고 재미있다고 생각하는 아이는 '공부만 하면 언제든지 수학을 잘할 수 있어'라는 강한 자신감을 갖기 쉽다. 왜냐하면 그 아이에게 있어 수학은 너무나 쉽고 재미난 것이었기 때문이다.

반대로 수학을 어렵고 재미없는 것이라고 생각하는 아이는 지금 열심히 수학을 공부하고 있으면서도 늘 자신감 없이 수학을 대하기 때문에, 조금만 어려운 문제가 나오거나 변형된 문제를 만나면 금세 포기하고 만다. 그리고는 "이것 봐, 수학은 어려운 것이잖아"라는 생각과 함께 아예 풀어볼 시도조차 하지 않게 되고 만다.

수학을 공부해야 하는 이유를 모르는 아이들

수학은 꾸준히 공부해야 성과가 나타나는 과목이다. 그러므로 성급하게 생각하지 말고 아이가 먼저 수학을 재미있어 하고 자신감을 가질 수 있도록 하는 것이 무척 중요하다. 재미를 느끼고 자신감을 갖게 되면 그 자체가 곧 실력으로 이어지기 때문이다.

그렇다면 어떻게 하면 아이가 수학을 쉽고 재미있게 느끼게 할 수 있을까? 전문가들마다 서로 다른 의견을 갖고 있지만, 내 경험에 따르면, 수학 문제를 많이 풀어보게 하는 것도 중요하지만 그 전에 수학과 관련한 재미있는 책을 많이 읽게 하는 것이 더 중요하다.

요즘 서점에 가보면 수학에 관한 재미난 동화책들이 무척 많이 나와 있다. 수학을 싫어하거나 어려워하는 아이들을 위한 동화책들인데, 실제로 수학을 싫어하고 어려워하는 아이들에게 이런 동화책을 읽게 하면 수학을 재미있어 하고, 수학에 대해 자신감을 갖게 되는 경우가 많다. 이것은 '수학에 대해 안 좋은 경험'을 갖고 있는 아이에게 사실은 '수학이 쉽고 재미있다는 경험'을 하게 하는 것으로, 수학에 대한 일종의 심리 치료인 셈이다.

이러한 동화책들은 아이들에게 '왜 수학을 공부해야 하고, 수학이 얼마나 재미있는 것'인지 자세히 느낄 수 있게 해준다. 하지만 학교 교사들은 아이들에게 열심히 수학을 가르치기는 하지만 정작 수학을 왜 배워야 하는지에 대해서는 자세히 설명해주지 않는다.

이것은 엄마들도 마찬가지다. 수학을 잘해야 한다고 이 학원 저 학원으로 보내기는 하지만 정작 아이들이 가장 궁금해하는 "수학을 왜 공부해야 하나요?"에 대한 대답은 해주지 않는다.

그러다보니 아이들은 왜 공부해야 하는지도 모른 채, 엄마가 가라고 하니까 이 학원 저 학원으로 가서, 단지 엄마가 좋아하고, 선생님에게 칭찬 받으니까 좋을 뿐인 공부를 하는 셈이다. 근본적인 학습 동기가 없다는 이야기다.

그런데 이러한 동화책에는 수학을 왜 배워야 하는지 자세한 설명이 나와 있다. 수학을 잘한 덕분에 미로에서 탈출하기도 하고, 간단한 수학 원리를 적용해 아주 복잡한 문제를 쉽게 풀기도 하는 과정을 보여주기도 한다. 이런 이야기들을 통해 아이들은 수학이 무척 재미있고 쉬우며, 우리 생활에서 반드시 필요한 것이라는 사실을 깨닫게 되는 것이다.

아이가 수학을 힘들어하고 싫어한다면 지금 당장 도서관으로 가서 《수학 귀신》이나 《수학의 비밀》 같은 동화책을 읽게 해보자. 아이는 우리 생활 속에 숨어 있는 수많은 수학 원리에 대해 관심을 갖게 될 것이고, 왜 수학을 공부해야 하는지 스스로 깨닫게 될 것이다. 그리고 수학을 대하는 태도가 완전히 달라질 것이다. 이것이 행복한 수학 공부의 출발점이다.

수학의 원리를 이해하라

　다른 과목과 달리 수학은 잘하는 아이와 못하는 아이가 쉽게 구별되고, 구별 시기도 다른 과목보다 훨씬 빠르다. 그리고 초등학교 고학년이 되어 공부를 잘하고 못하고의 기준이 수학일 때가 많다. 수학을 못하고서는 결코 우등생이 될 수 없다는 이야기다.

　반대로 다른 과목은 못하더라도 수학을 잘하면 똑똑한 아이로 인정받는 경우가 많기 때문에, 단지 수학만이 아니라 공부 자체에 대한 두려움이 없다. 그리고 자긍심이 높아져 다른 과목도 잘할 가능성이 높다.

　교육 전문가들도 수학을 가장 중요한 과목으로 꼽는데, 수학을 잘하면 두뇌가 계발되어 치밀한 사고력과 논리적 판단력이 좋아지기 때문이다. 여기에다 인내심을 갖고 문제를 풀어야 하기 때문에 스스로 공부할 수 있는 의지력을 키우는 데도 많은 도움이 된다.

교과서를 이용한 원리와 개념 이해

대부분의 엄마들은 아이가 수학을 어려워하거나 못한다고 생각하면 학습지를 시키거나 학원에 보낸다. 하지만 학습지를 시키고 학원에 보내기 전에 먼저 교과서의 익힘책부터 제대로 공부시키는 것이 더 좋다. 아무리 좋은 학습지라 해도 교과서만큼은 못하기 때문이다.

학습지나 학원 교육은 아이의 성적을 올리는 데만 초점이 맞춰져 있다. 하지만 교과서는 수학의 원리와 개념을 쉽게 이해할 수 있도록 짜 놓았기 때문에 수학에 대한 테크닉만 가르쳐주는 학습지나 학원 교육과는 출발이 다르다고 할 수 있다.

테크닉을 배우게 되면 일시적으로 아이의 수학 실력이 부쩍 좋아진 것처럼 보일 수도 있다. 단순한 문제들은 수학의 원리를 이해하지 않고도 테크닉만으로 풀 수 있기 때문이다. 하지만 문제가 조금만 변형되거나 응용되어 나오면 어떻게 될까? 아이의 수학 실력은 금세 예전 상태로 돌아가고 말 것이다. 원리를 모르는 아이가 테크닉만 익힌다고 수학 실력이 늘지는 않기 때문이다.

그런데도 많은 엄마들은 아이가 수학을 못하면 무조건 테크닉을 가르쳐주는 학습지나 학원으로 눈을 돌린다. 이것은 마치 드리블도 제대로 하지 못하는 아이에게 골 넣는 기술만 자꾸 가르치려는 것과 똑같다.

수학은 가장 실용적인 학문

수학에 있어 테크닉은 무척 중요하다. 하지만 이것은 수학의 기본이 되는 원리를 정확히 알고 난 뒤에 배워야 할 것들이다.

사실 수학은 그 자체에 중요성이 있다기보다 수학적인 기능과 지식을 배우고, 수학적인 사고 능력을 길러 생활 속에서 여러 가지 문제를 합리적으로 푸는 것을 가능하도록 하기 위해 배우는 학문이다.

예컨대 상점에서 물건을 사고, 계산을 통해 정확한 돈을 주고받는 것이 수학 지식을 이용하는 가장 초보적인 단계라 할 수 있을 것이다. 그러므로 사실 수학은 다른 과목보다 훨씬 더 재미있고 쉽게 접근할 수 있고, 공부하는 과정 자체도 흥미로울 수 있는 과목이다.

그런데 지금까지는 수학을 너무 이론 중심으로만 가르쳐 온 것이 사실이다. 실생활에서 가장 광범위하게 쓰이고 있는 학문인데도 이론 중심으로만 가르쳐왔기 때문에 가장 재미없고 어렵게 배울 수밖에 없었던 것이다. 그러다보니 엄마와 교사들은 아이들에게 "도대체 왜 수학을 배워야 하는 거예요?"라는 질문을 줄기차게 받아왔던 것이다. 그런데 이러한 잘못을 계속해서 되풀이하고 있는 것이 학습지와 학원 교육이라 할 수 있다.

다행히 요즘의 학교는 무척 많이 달라졌다. 수학 시간은 예전과 달리 원리와 개념 이해 중심으로 이루어지는 경우가 많다. 따라서 다양한 부교재와 도구들이 등장하고, 교사의 설명 역시 무척이나 실생활적인 것으로 바뀌고 있다.

그러다보니 초등학교 수학 시간은 다양한 체험학습 교실 같은 분위기인 경우가 많다. 그만큼 원리와 개념 이해 위주로 가르치고 있다는 뜻이다.

그러므로 아이가 수학을 어려워하고 힘들어한다면, 학습지를 시키거나 학원에 보내기 전에 먼저 교과서를 펼쳐 놓고 어떤 부분을 어떻게 어려워하는지 알아보는 것이 중요하다. 그런 다음 교과서를 중심으로 정확한 개념과 수학적 원리를 설명해주어야 한다.

아이들이 수학을 힘들어하고 어려워하는 까닭은 문제를 푸는 기술이 부족하기 때문이 아니라, 수학적 원리와 개념에 대한 이해가 부족하기 때문이란 것을 꼭 기억하자!

수학 우등생이 되기 위한 밑거름, 큰 수 읽기

초등 4학년이 되면 수학 교과서 내용이 갑자기 어려워진다. 3학년까지는 아이가 공부하다가 모르는 것을 물어오면 엄마가 금방 가르쳐줄 수 있지만, 4학년 수학은 쉽게 설명해주지 못할 때가 훨씬 많다.

그만큼 수학 교과서 내용이 복잡해지고 어려워진다는 이야기다. 그러다보니 4학년 이후에는 수업 내용을 따라가지 못하는 아이들도 부쩍 늘어난다.

3학년 때까지는 며칠 공부하지 않아도 수업 내용을 따라가는 것이 그렇게 어렵지 않지만, 4학년부터는 교과서에 나오는 개념들을 하나라도 놓치게 되면 어느새 진도를 못 따라가고 만다. 이것은 수학뿐 아니라 다른 과목도 마찬가지다. 초등학교 4학년이 중요하다는 것은 이것을 두고 하는 말이기도 하다.

큰 수 읽기 연습

요즘에는 초등학교 때 공부 잘하던 아이가 중·고등학교에 가서도 잘하는 경우가 많은데, 그 출발점을 4학년이라고 생각하면 된다. 마라톤에서도 20킬로미터 지점부터는 선두 그룹에서 달려야 좋은 결과를 기대할 수 있듯이, 4학년 때부터는 뒤처지지 않고 일정 수준 이상의 실력을 유지해야 중·고등학교에 올라가 우등생이 될 수 있다는 이야기다.

그런데 아이들 중에는 3학년 때까지는 공부를 잘하다가도 4학년부터 힘들어하는 경우가 있다. 그런 아이들은 4학년이 되어도 이전의 공부 습관을 버리지 못하기 때문인 경우가 많다.

초등학교 교과 과정을 자세히 살펴보면 3학년까지는 비교적 단순한 문제들이 많다. 그래서 특별히 생각을 깊게 하지 않아도 풀 수 있는 문제들이 대부분이지만 4학년부터는 다르다. 문제 내용도 길어지고 설명도 복잡해진다. 그리고 생각을 많이 해야 풀 수 있는 문제들이 나오기 시작한다.

무엇보다 수학의 경우 갑자기 큰 자리의 숫자들이 나오기 시작하는데, 단순한 사칙연산 문제도 큰 숫자들을 놓고 풀다 보면 틀리기 쉽고 어려워하기 마련이다. 문제 자체보다 큰 수에 대한 부담으로 지레 겁을 먹어 버리기 때문이다. 그러므로 4학년이 되면 먼저 자릿수에 대한 이해를 정확하게 가지게 하고, 연습을 통해 큰 수를 어렵지 않게 읽을 수 있도록 해주는 것이 좋다.

이것은 우리나라 숫자가 읽는 방식과 쓰는 방식이 다르기 때문에 그렇다. 읽기는 만 단위로 끊어 읽으면서 쓰기는 천 단위로 끊어 적기 때문인데, 예를 들어 '1만 2천 원'을 적을 때, '1,2000원'이라고 적으면 끊어 적은 대로 읽을 수 있기 때문에 무척 쉽게 읽을 수 있다. 그런데 쓰기는 '12,000원'이라고 쓴다(쓴 대로 읽으면 '12천 원'). 그러다보니 숫자가 커지면 읽기가 무척 힘들어지고 마는 것이다. 이 때문에 수학 자체를 어려워하는 아이들이 많다.

그런데도 학교에서는 큰 수 읽기 연습을 한 두 시간으로 끝내 버리는 경우가 대부분이다. 그러다보니 잘 읽지도 못하는 큰 수를 이용해 사칙연산을 해야 되고, 그 때문에 수학이 더 힘들어지면서 흥미를 잃어버리게 되는 경우가 많이 생기는 것이다.

반면 수학을 좋아하고, 수학에 대해 자신감을 갖고 있는 아이들은 대체로 큰 수를 잘 읽는다. 큰 수를 잘 읽는다는 것은 '숫자'에 대해 자신감이 있다는 뜻이고, 그것은 곧바로 '수학 자체'에 대한 자신감으로 나타난다.

큰 수 읽기 연습은 아이가 4학년이 되면 꼭 점검해주어야 하는 것 가운데 하나다. 만 단위로 끊어 익는 방법을 가르쳐주고, 실제 큰 숫자를 읽어보게 하는 연습을 몇 번 되풀이하면 아이들은 억이나 조 단위의 숫자도 곧잘 읽어낸다.

수학에 대한 자신감이 이런 작은 것에서 달라질 수 있다는 사실을 엄마들은 꼭 기억해야 한다.

분수의 사칙연산을 마스터해야 할
초등 5학년 수학

초등학교 5학년이 되면 반에서 약 50% 정도의 아이들은 수업 내용을 따라가지 못한다고 볼 수 있다. 특히 수학은 정도가 더욱 심한 과목으로, 70% 이상이 수업 내용을 이해하지 못하는 경우도 있다.

그렇다면 초등학교 5학년 아이들이 왜 수학을 어려워하고, 수업 내용을 따라가지 못하는 것일까? 그 원인에는 여러 가지가 있겠지만 가장 크게 차지하는 것은 분수의 사칙연산을 어려워하기 때문이다.

자연수의 사칙연산은 대부분의 아이들이 큰 차이 없이 잘 해낸다. 하지만 분수의 사칙연산은 공부를 잘하는 아이와 못하는 아이가 너무나 뚜렷이 차이가 난다. 더구나 5학년부터는 연산 문제는 물론이고 아이들이 힘들어하는 문장제 문제도 대부분 분수로 식을 세워야 풀 수 있는 경우가 많다. 그러다보니 분수를 어려워하는 아이들은 수학 전체가 어려워지고 마는 것이다.

그렇다면 왜 아이들은 분수를 어려워할까? 그 원인은 배수, 약수, 공약수, 공배수, 최대공약수, 최소공배수에 대한 개념을 정확하게 이해하지 못한 채 분수 공부를 하기 때문이다.

약수와 배수에 대한 정확한 이해가 없으면 분수의 사칙 연산은 불가능해지고 만다. 물론 분모가 똑같은 간단한 문제는 풀 수 있겠지만 분모가 다르거나, 조금만 복잡해져 버리면 풀기 어려워지고 만다. 하지만 배수와 약수에 대한 개념을 정확하게 이해하고 있으면 분수의 사칙 연산은 자연수의 사칙연산만큼이나 쉽다.

그런데 놀라운 것은, 5학년 아이들에게 배수와 약수가 무엇인지 물어보면 정확하게 대답하는 아이가 거의 없다는 사실이다. 알고 있다고 해도 대부분 대충 알고 있는 정도다. 그러다보니 문제가 약간만 변형되어도 전혀 풀지 못하는 경우가 많은 것이다.

배로 커지는 수와 나누어 떨어지는 수

배수는 글자 그대로 '배로 커지는 수'이고, 약수는 '나누어 떨어지는 수'를 말한다. 공배수는 공통되는 배수, 곧 똑같은 배수를 말하고, 공약수는 공통되는 약수, 곧 나누어 떨어지는 수 가운데 같은 수를 말한다. 최소공배수는 공배수 가운데 가장 작은 것을 말하고, 최대공약수는 공약수 가운데 가장 큰 것을 말한다.

이렇게 말하면 이해하는 아이가 거의 없다. 그런데 대부분 이정도 설명에서 그치고 마는 것이 학교나 학원 수업 현장이다. 그리고는 문제 풀이만 계속 시킨다.

물론 개념을 잘 모르더라도 문제 풀이를 되풀이하는 과정에서 개념을 이해하게 될 수도 있다. 실제로 아이들은 그렇게 해서 개념을 이해하는 경우도 많다. 하지만 문제는 그 과정이다. 거듭된 문제 풀이를 통해 개념을 이해하게 될 수 있을지는 모르지만, 정확한 개념을 알지 못한 채 문제를 풀어야 하는 상황이 계속되는 동안 아이가 겪어야 할 심리적 부담은 얼마나 크겠는가? 이러한 부담이 결국은 수학에 대한 두려움을 갖게 하고 자신감을 떨어뜨리는 요인으로 작용하는 것이다.

배수와 약수

약수와 배수에 대한 이해는 단순히 분수의 사칙 연산에만 영향을 미치는 것이 아니라, 중학교에 올라가 방정식에 대한 인수분해로 이어져 수학 전반에 영향을 미친다.

그러다보니 약수와 배수에 대한 이해를 제대로 못한 아이들이 중학생이 되면 아예 수학을 포기해 버리는 경우가 생기고 마는 것이다. 그러므로 약수와 배수에 대한 개념만큼은 초등학교 때 확실하게 이해할 수 있도록 해야 한다.

2의 배수는 4, 6, 8, 10, 12……이고, 3의 배수는 3, 6, 9, 12……이다. 이때 2의 배수와 3의 배수 가운데 똑같은, 곧 공통된 것이 있다. 6과 12가 그렇다. 6과 12는 2와 3이라는 두 수의 공통된 배수, 곧 '공배수'가 된다. 그리고 이 두 수의 공배수 가운데 가장 작은 숫자인 6은 가장 작은 공배수, 곧 '최소공배수'가 된다.

약수는 나누었을 때 나머지 없이 똑 떨어지는 수를 말한다. 1은 1로만 나누었을 때 나누어 떨어진다. 2는 1과 2로 나누었을 때, 3은 1과 3으로 나누었을 때, 4는 1과 2와 4로 나누었을 때 나머지가 0이 되면서 나누어 떨어진다. 다른 숫자들도 이처럼 각각 나누어 떨어지는 약수를 갖고 있다.

예컨대 10을 살펴보자. 10은 1, 2, 5, 10으로 나누었을 때 나머지가 0이 되면서 나누어 떨어진다. 이때 10의 약수는 1, 2, 5, 10이 되는 것이다.

20은 어떨까? 20은 1, 2, 4, 5, 10, 20으로 나누었을 때만 나머지가 0이 되면서 나누어 떨어진다. 이때 1, 2, 4, 5, 10, 20은 20의 약수가 되는 것이다.

그런데 잘 살펴보면 10의 약수와 20의 약수 가운데 똑같은 것이 있다. 1, 2, 5, 10이 그것이다. 이 숫자들은 10과 20의 약수 가운데 똑같은 약수라고 해서 두 수의 '공약수'가 된다. 그리고 10은 두 수의 공약수 가운데 가장 큰 공약수이므로 '최대공약수'가 된다.

배수와 약수에 대한 이러한 설명을 커다란 종이에 직접 써 가면서 몇 번 설명해주면 아이들은 쉽게 이해한다. 그런 다음, 약수와 배수를 정확하게 아는 것이 왜 필요한지 설명해주면서 문제를 풀게 하면 분수를 어려워하지 않고 강한 자신감을 갖게 된다.

분수의 사칙연산과 약분

분모가 다른 두 분수를 더하거나 뺄 때는 공배수를 꼭 알아야 한다. 공배수를 구해 분모를 똑같이 만든 다음에 문제를 풀어야 하기 때문이다.

두 분모의 공배수를 구한 다음에는 가장 작은 공배수, 곧 최소공배수를 이용해 문제를 풀어야 한다. 그래야만 숫자가 작아져 계산하기가 쉽기 때문이다. 이처럼 최소공배수를 이해하지 못하면 분수 계산은 처음부터 불가능하다.

한편, 분수의 사칙연산을 하게 되면 반드시 해야 하는 것이 약분이다. 분수 계산을 하다 보면 분모를 똑같이 만들어야 하기 때문에 분모와 분자의 숫자가 커지게 되는데, 큰 숫자로 계속 계산을 하게 되면 힘도 들고 틀리기 쉽다. 이때 필요한 것이 약분이다. 약분이란 등장하는 숫자들의 크기는 작아지지만 값은 변함이 없는 것을 말한다.

예컨대 $\frac{2}{4}$와 $\frac{1}{2}$은 똑같다. 이때 $\frac{2}{4}$를 $\frac{1}{2}$로 만들기 위해서는 분모인 4와 분자인 2의 공약수를 알아야 한다. 공약수 가운데 가장 큰 수로 분모와 분자를 각각 나누면 되기 때문이다. 분자 2의 약수는 1과 2이고, 분모 4의 약수는 1, 2, 4이다.

공약수가 1과 2이기 때문에 2가 최대공약수가 된다. 그렇다면 최대공약수 2로 $\frac{2}{4}$를 약분할 수 있다. 분자 2는 2로 나누면 1이 되고, 분모 4는 2로 나누면 2가 되어, 결국 $\frac{1}{2}$이 되는 것이다.

이처럼 최소공배수와 최대공약수는 분수의 사칙연산을 위해 반드시 익혀야 할 필요한 개념이다. 그러므로 이들 개념 역시 큰 종이에 직접 써 가면서 아이가 완전히 이해할 때까지 설명해주어야 한다.

최소공배수와 최대공약수를 구할 줄 알고, 그 쓰임새를 이해하고 나면 대부분의 아이들이 아주 쉽게 분수 사칙연산을 풀어낸다.

그런데 현실은 어떨까? 공배수와 공약수에 대해 아이들이 쉽게 이해할 수 있도록 차근차근 설명해주는 선생님이나 엄마가 드물다. 설명은 조금만 해주고 문제를 많이 풀어보게 한다. 문제를 풀다보면 개념을 이해할 수 있다고 생각하기 때문이다. 틀린 말은 아니지만, 쉽고 재미있게 공부할 수 있는 것을 어렵고 힘들게 공부하도록 하는 것도 사실이다.

불행하게도 초등 고학년 수학은 아이들이 가장 어려워하고, 하기 싫어하는 분수의 사칙연산 훈련 과정이라 할 수 있을 정도로 많은 분수 문제를 풀어야 한다. 더구나 분수의 사칙 연산을 이용한 문장제 문제도 많이 풀어야 한다.

그러므로 분수를 못하면 초등 고학년 수학은 재미도 없고 어렵기만 할 뿐이다. 그리고 결국에는 수업을 따라가지 못하게 되고, 최악의 경우 중·고등학교에 올라가 수학을 포기하는 사태까지 벌어질 수 있다.

그렇지만 문제 풀이 중심이 아니라 개념 이해 중심으로 분수 공부를 시킨다면 분수를 어려워할 아이는 아무도 없다. 분수를 어려워하지 않게 되면 수학에 대한 자신감을 갖게 되고, 그것은 중·고등학교에 올라가서도 수학을 잘하고 좋아하는 아이가 될 수 있는 좋은 밑거름이 될 것이다.

도형에 대한 개념 정확히 이해하기

6학년이 되면 아이들은 반지름이나 원의 넓이 구하기 같은 복잡한 것을 배우는데, 원의 넓이를 구하는 문제를 내주고 풀어보게 하면 공부를 잘하는 아이들은 공식을 이용해 금방 답을 구해낸다.

공식을 정확하게 알고 있어 금방 문제를 풀고는 의기양양해 하는 아이에게 어떻게 풀었냐고 물어보면 "반지름×반지름×3.14 하면 되잖아요"라고 자신 있게 말한다.

"왜 반지름을 두 번 곱하고, 거기에 3.14를 곱하면 원의 넓이가 나올까?"

"네?"

이 질문에 정확하게 대답을 한 아이는 지금까지 한 명도 없었다. 대부분의 아이들은 "몰라요", "그냥 외우랬어요"라고 말한다.

사실 엄마 아빠들도 원의 넓이를 구하는 공식인 '반지름×반지름×3.14'를 외우기만 했지 왜 그런 공식이 만들어졌는지 정확한 설명을 듣지 못하고 공부한 것이 사실이다. 그런 설명을 듣지 못하고 공부한 사람들이 교사가 되고 엄마가 되었으니, 역시 아이들에게 아무런 설명 없이 무조건 외우라고 하게 되는 것이다.

모든 원은 사각형이다

어떤 원이든 아주 가늘게 잘라 펼치면 직사각형으로 만들 수 있다. 따라서 직사각형의 넓이를 구하면 원의 넓이를 구할 수 있다는 이야기다.

직사각형의 넓이는 가로 길이와 세로 길이를 곱하기만 하면 된다. 세로는 반지름 길이와 똑같기 때문에 쉽게 구할 수 있고, 문제는 가로 길이다.

그런데 어떤 원이든 가늘게 잘라 사각형 모양으로 펼친 뒤 가로 길이를 재어보니 세로보다 3.14배 더 긴 것으로 드러났다. 그렇다면 가로 길이는 반지름 길이에 3.14만 곱하면 된다는 이야기다.

예컨대 반지름의 길이가 10㎝인 원의 넓이를 구한다면, 세로 길이는 반지름과 똑같은 10㎝가 된다. 그리고 가로 길이는 반지름 길이인 10㎝에 3.14를 곱하기만 하면 된다. 그렇게 하면 아주 싱겁게 원의 넓이가 314㎠라는 것을 알아낼 수 있다. 이런 과정을 공식으로 쉽게 만들어 놓은 것이 '반지름×반지름×3.14'이다. 실제 원을 잘라 보여주면서 한 번만 설명해주면 아이들은 대부분 쉽게 이해를 한다.

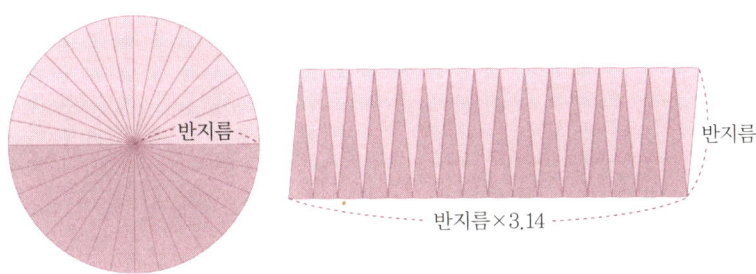

과자 상자로 배우는 입체 도형

6학년 때 집중적으로 공부하는 도형 문제도 아이들이 어려워하는 부분인데, 그 이유는 입체적인 도형을 칠판에 평면적으로 그려 놓고 가르치기 때문이다. 그런데 집에서 먹고 버리는 과자 상자를 함께 뜯어보면서 도형의 구조를 설명해주면 아이들은 아주 쉽게 이해를 한다.

이처럼 수학은 결코 어려운 것이 아니다. 다만 지금까지 너무나 어렵게 가르쳐왔기 때문에 무의식 중에 수학은 어렵다는 생각이 머릿속에 박혀 있을 뿐이다.

이제부터는 공부 방법을 바꾸어야 한다. 문제 풀이 중심이 아니라 개념 이해 중심으로 말이다. 그래야만 중·고등학교로 올라갈수록 더욱 탄탄한 수학 실력을 가질 수 있다.

수학을 잘하는 아이들의 특별한 공부법

1. 수학의 원리를 설명하고 있는 동화책을 많이 읽는다.

   이런 동화책들은 수학을 왜 공부해야 하는지 알려주고, 수학에 관심과 흥미를 갖게 한다.

2. 문제를 풀 때 풀이 과정을 깨끗하게 적는다.

   풀이 과정을 깨끗하게 적으면 문제 풀이 자체가 재미있어지고, 문제를 푼 뒤 맞게 풀었는지 아니면 어디서 틀렸는지 확인하기도 쉽다.

3. 무조건 공식만 외우기보다 공식의 원리를 알려고 노력한다.

   공식만 외우면 공식 그대로 나온 문제만 풀 수 있지만, 공식의 원리를 알게 되면 변형, 응용된 문제도 쉽게 풀 수 있다.

4. 기초 계산력이 뛰어나다.

   수학을 잘하려면 계산력이 좋아야 한다. 기초 계산력은 용돈 기입장 쓰기, 광고지 등을 활용하여 매일의 생활 속에서 연습하는 것이 좋다.

문장제 문제를 잘 풀어야
진짜 수학 우등생

요즘 초등학교 수학은 예전과 달리 문장제 문제가 많다. 그런데 대부분의 아이들은 문장제 문제를 어려워한다. 어떤 아이들은 문장제 문제만 나오면 아예 풀 생각조차 못하는 경우도 있다.

그런데 찬찬히 설명을 해주면서 식을 세워 보여주면 아이들은 그 다음부터는 쉽다고 말한다. 결국 아이들이 어려워하는 것은 세운 식을 '계산'하는 것이 아니라 '식 세우기'란 것이 드러난다.

식을 잘 세우지 못하는 것은 문제 내용을 정확하게 이해하지 못하기 때문인데, 이런 아이들은 대부분 문제를 제대로 읽지 않는다. 그리고는 무작정 모르겠다고 하는 경우가 많다. 이럴 때는 문제를 한 문장씩 끊어 읽게 하면 된다. 끊어 읽으면 아주 복잡해

보이는 문제도 간단해지기 때문이다.

끊어 읽은 다음, 그 내용을 이용해 식을 만들거나, 식을 만들기 어려우면 그림으로 그려보게 하는 것이 좋다. 그림으로 그리게 되면 무엇을 묻는 문제인지 확실히 보이기 때문이다.

"넓이가 100㎡인 곳에 교실과 놀이터, 화장실을 지었다. 교실은 전체 넓이의 $\frac{3}{10}$에, 놀이터는 교실을 짓고 난 땅의 $\frac{2}{7}$에 지었고, 화장실은 교실과 놀이터를 짓고 난 나머지 땅의 $\frac{2}{5}$에 지었다. 그렇다면 빈터로 남은 곳은 얼마인가?"

이런 문제를 아이들에게 풀어 보라고 하면, 아예 풀어볼 엄두를 내지 않는 아이들이 있다. 무조건 어렵다고 생각하기 때문이다. 하지만 문제를 찬찬히 뜯어보게 하면 의외로 쉽게 풀어낸다.

· 전체 넓이는 100㎡
· 교실은 전체 넓이의 $\frac{3}{10}$
· 놀이터는 교실을 뺀 나머지 땅의 $\frac{2}{7}$
· 화장실은 교실과 놀이터를 뺀 나머지 땅의 $\frac{2}{5}$
· 그럼 남은 땅은 얼마인가?

전체 넓이를 10등분 하면 교실은 3개를 차지하고, 나머지는 7

개가 된다. 7개 중에서 놀이터가 2개 차지하면 남는 땅은 5개가 되는데, 5개 중에서 화장실이 2개를 차지하므로 남는 땅은 3개가 되는 셈이다. 따라서 답은 30㎡다. 그림을 그려 보여주면 아이들은 더 쉽게 이해한다.

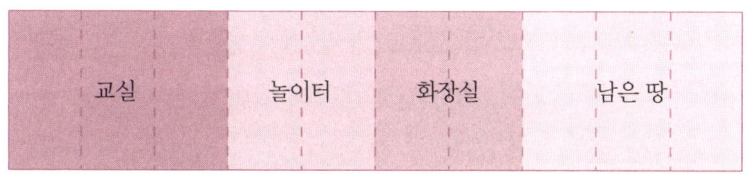

| 교실 | 놀이터 | 화장실 | 남은 땅 |

그렇다면 이제 식을 세워보도록 하자. 교실은 전체 넓이의 $\frac{3}{10}$ 이다. 놀이터는 전체 넓이에서 교실을 뺀 뒤 $\frac{2}{7}$ 를 곱하면 된다. 이것을 식으로 나타내면 $(1-\frac{3}{10}) \times \frac{2}{7}$ 가 된다. 그러면 놀이터의 넓이는 전체 넓이의 $\frac{2}{10}$ 가 된다.

화장실은 전체 넓이에서 교실과 놀이터를 뺀 뒤 $\frac{2}{5}$ 을 곱하면 되고, 이것을 식으로 나타내면 $\{1-(\frac{3}{10}+\frac{2}{10})\} \times \frac{2}{5}$ 이다. 그렇게 하면 화장실의 넓이는 전체의 $\frac{2}{10}$ 가 된다.

나머지 땅의 넓이는 전체 넓이에서 교실과 놀이터, 화장실을 빼기만 하면 된다.

$1-(\frac{3}{10}+\frac{2}{10}+\frac{2}{10})$ 을 계산하면 자연스럽게 $\frac{3}{10}$ 이 나온다. 숫자를 다르게 해서 똑같은 문제를 몇 번 풀어보게 하면 어떤 아이라도 문장제 문제에 대해 자신감을 가지게 된다.

이처럼 아이들이 어려워하는 문장제 문제도 지문의 내용을 하나하나 뜯어 살펴보게 하고, 그림을 그려 보여주면 아주 쉽게 이해한다.

문장제 문제는 대부분 이런 방법을 통해 쉽게 풀 수 있지만, 이런 방법으로 풀어본 적이 없는 아이들은 문장제 문제만 나오면 긴장하고 어려워한다. 똑같은 문제라도 긴장하고 어려워하면 풀지 못하는 경우가 더 많다.

하지만 방법을 조금만 바꾸어 가르치면 아이는 쉽고 재미있게 공부를 할 수 있게 되고, 그것은 곧 평생 우등생이 되는 비법인 셈이다.

수학이 즐거운 아이들

수학을 잘하는 아이들은 수학 문제 푸는 것을 즐긴다고 할 정
도로 재미있어 한다. 그런 아이들에게 수학은 공부라기보다는 놀
이에 가깝다고 할 수 있다.

실제로 초등학교 고학년 아이들 중에는 수학 문제 푸는 것을
재미있어 하는 아이들이 있다. 어려운 문제를 풀어냈을 때 갖게
되는 기쁨과 만족감을 맛보았기 때문이다. 여기에다 부모님이나
학교 선생님의 칭찬까지 덧보태지면 아이의 학구열은 더욱 높아
지게 된다.

이런 이야기를 하면 부러워할 엄마들이 많겠지만, 어떤 아이라
도 조금만 주의를 기울여 지도하면 모두 이렇게 될 수 있다.

수학을 재미있어 하고, 수학 문제 푸는 것을 놀이처럼 생각하는 아이들은 몇 가지 공통점이 있다. 어쩌면 그 공통점이 그 아이들로 하여금 수학을 재미있게 느끼도록 하는 것인지도 모른다.

공통점 가운데 하나는 풀이 과정을 반듯하게 적어 가면서 문제를 푼다는 것이다. 얼핏 들으면 그게 무슨 특별한 것일까 하는 생각을 할 수도 있지만, 풀이 과정을 반듯하게 적는다는 것은 문제 푸는 것 자체를 즐긴다는 뜻이 되기도 한다.

이것은 마치 맛있는 음식을 먹을 때 단순히 배고프지 않기 위해 '먹어대는' 것이 아니라 음식의 맛을 느끼면서 차근차근 잘 씹어 먹는 것과 같다고 할 수 있다.

수학을 잘하는 아이와 못하는 아이

다른 과목 성적은 잘 나오는 편인데 수학 성적이 안 좋다며 특별 지도를 부탁하는 학생들이 가끔 내 연구실을 찾아온다. 그런 학생을 만나면 연습장에 수학 문제를 하나 적어주고 풀어보라고 한다. 잠시 뒤 문제를 풀었다며 가져 온 연습장을 보면 대부분 글씨가 엉망인 경우가 많다.

나는 정확하게 풀어 정답을 맞춘 경우에도 아무 말 하지 않고 다시 풀어 오라고 한다. 그리고는 멀리서 문제 푸는 학생의 모습을 관찰하는데, 처음부터 다시 푸는 학생들이 거의 대부분이다. 그러다보니 두 번째 푸는 데 걸리는 시간이나 처음 풀 때 걸리는 시간이 거의 비슷하다.

그렇다면 수학을 잘하는 아이들은 어떨까? 수학을 원래 잘하는데 더 잘하기 위해 나를 찾아오는 학생들도 가끔 있다. 그런 학생들에게도 역시 수학 문제를 하나 주면서 풀어보라고 하는데, 이런 학생들이 풀어 온 연습장을 보면 어떤 방법으로 풀었는지 한 눈에 알 수 있을 정도로 가지런하게 정리되어 있는 경우가 많다.

맞게 풀었든 틀리게 풀었든 역시 다시 풀어보라고 돌려주는데, 그러면 그 학생은 연습장에 적어 놓았던 풀이 과정을 손가락으로 한줄 한줄 짚어가면서 확인하는 것을 볼 수 있다.

그리고는 "맞게 풀었는데요"라거나, "아하, 여기서 계산을 잘못했네요"라면서 금방 정답으로 고쳐 가져오는 경우가 많다. 수학을 잘하는 아이와 못하는 아이는 바로 이 부분에서 차이가 난다.

수학을 재미있게 공부하기 위해서는 문제 풀이 그 자체를 즐길 수 있어야 한다. 그렇게 하기 위해서는 풀이 과정을 반듯하게 적는 것부터 시작해야 한다. 풀이 과정을 반듯하게 적어가면서 문제를 풀다 보면 결과보다 과정을 더 즐기게 되고, 그런 과정을 통해 정답을 구했을 때 큰 성취감과 기쁨을 느낄 수 있게 된다.

틀린 문제를 또 틀린다

아이들의 시험지를 검토하다 보면 재미난 것들을 많이 발견하게 되는데, 그 가운데 하나가 '틀린 문제를 또 틀린다'는 사실이다. 그런데 계속해서 틀리는 문제들을 살펴보면 그렇게 어려운 문제들이 아니라는 것도 쉽게 알 수 있다. 약간의 기본 개념과 원리만 알면 쉽게 풀 수 있는 문제들인데 아이들은 계속해서 틀리고 만다.

이것은 그 문제를 틀려 놓고도 왜 틀렸는지 생각해보지 않는다는 뜻이다. 이런 현상은 공부를 못하는 아이들이 보여주는 일반적인 모습인데, 학교나 학원에서 시험을 보고 나면 점수만 매겨본 뒤 시험지를 버려 버리기 때문이다. 그러다보니 다음 시험에서 똑같은 문제를 또 틀리게 되는 것이다.

그렇다면 공부를 잘하는 아이들은 어떨까? 시험을 보고 나면 틀린 문제를 확인하고 왜 틀렸는지를 알아낸 뒤 정확하게 알고 넘어간다. 그렇기 때문에 똑같은 문제를 틀리는 실수를 결코 되풀이하지 않는다. 우등생과 열등생의 차이는 바로 여기에 있다.

광고지를 이용한 재미있는 기초 계산력 훈련

　머리가 아무리 뛰어나고 수학을 좋아한다 하더라도 기초 계산력이 없으면 수학을 잘할 수 없다. 물론 계산력 자체가 수학 실력을 말하는 것은 아니다. 하지만 수학을 잘하기 위해서는 기본적으로 계산력이 뒷받침되어야 한다.

　학년이 올라갈수록 수학 문제는 내용도 복잡해지지만 계산해야 할 숫자들도 많아지고 커진다. 이때 기초 계산력이 부족하면 아무래도 문제를 푸는 데 시간이 많이 걸리고 정확하지 못할 수 있다. 그러다보면 문제를 제대로 이해해 정확하게 식을 세워 놓고도 정작 계산을 잘못해서 결과적으로 문제를 틀리는 경우가 생기고 만다.

실제로 아이들을 가르치다 보면 이해력은 빠른데 계산을 잘 못하는 아이들이 있다. 이런 아이들은 빠른 이해력으로 문제를 어떻게 풀어야 하는지 금방 알아내는데, 문제를 풀기 위해 써 놓은 풀이 과정을 살펴보면 감탄할 정도로 훌륭할 때가 많다.

그런데 계산력이 떨어지다 보니 두 자리 수 덧셈이나 뺄셈을 하는 데도 보통 아이들보다 시간이 많이 걸린다. 게다가 계산 자체도 정확하지 못하다 보니 결과적으로 엉터리 답을 내고 마는 경우가 많다. 문제 풀이는 훌륭하게 해 놓고 정작 답은 맞추지 못하는 꼴이 되고 마는 것이다.

이처럼 기초 계산력은 수학 실력을 좌우하는 중요한 요소다. 그렇다면 어떻게 해야 기초 계산력을 높일 수 있을까?

행복한 계산 공부

많은 엄마들이 아이의 기초 계산력을 높여준다고 한 페이지 가득 기계적인 계산 문제만 나열해 놓은 학습지를 시키는 경우가 많다. 하지만 그런 학습지를 시킨다고 아이의 기초 계산력이 높아질까? 물론 어느 정도 높아질 수는 있을 것이다. 하지만 그 과정은 아이에게 너무나 고통스럽고 재미없는 것이 되지 않을까?

물론 아이의 고통 따위는 아랑곳하지 않고 오로지 기초 계산력만 높아지면 된다고 생각한다면 그런 학습지로 공부시킬 수 있을 것이다. 하지만 아이에게도 행복해야 할 권리가 있다. 그리고 중요한 것은 고통스럽게 닦은 기초 계산력이 과연 아이의 수학 실력에 얼마나 큰 도움이 될 것인가 하는 점을 진지하게 생각해봐야 한다는 것이다.

계산 공부는 학교에서 하는 것만으로도 충분하다. 아이들은 수업 시간이나 숙제를 통해 이런 저런 계산 문제를 많이 풀기 때문이다. 그런데 집에서 또다시 똑같은 계산 문제만 몇 페이지씩 풀게 하는 것은 고문이나 다름없다. 그렇게 공부한 아이가 과연 수학을 좋아할 수 있겠는가?

수학을 잘하는 아이들은 공통적으로 '수학을 재미있다' 고 생각하고, '수학은 쉽다' 고 생각한다. '재미없다' 고 생각하거나, '어렵다' 고 생각하는 아이는 결코 수학을 잘할 수 없다. 하루에 여러 페이지의 단순 계산 문제를 풀어내야 하는 아이는 필연적으로 '수학은 지겹고 재미없다' 는 생각을 하게 될 테고, 결국 수학을 잘할 수 없게 될 것이다.

용돈 기입장을 이용한 계산력 훈련

기초 계산력도 키우고, 아이가 수학을 재미있고 쉬운 것으로 생각하도록 하는 것에는 여러 가지 방법이 있다. 물론 이런 방법을 이용하기 위해서는 엄마가 조금 신경을 써야 하고 관심을 가져야 한다.

많은 엄마들이 사용하는 것이 용돈 기입장을 이용한 간단한 계산력 훈련이다. 유치원이나 초등학교에 들어가면 아이들도 규모는 작지만 경제 활동을 하게 된다. 가족이나 친척들에게 용돈을 받고, 그 돈을 이용해 군것질을 하기도 하고, 필요한 학용품을 사기도 한다. 이러한 아이의 경제 활동과 관련한 수입과 지출을 통해 아이에게 기초 계산력 훈련을 시키는 것이다.

그런데 대부분의 아이들이 자신의 용돈과 지출 내용만으로 용돈 기입장을 적는데, 이것만 기록하게 되면 계산력 훈련이란 말이 무색할 정도로 내용이 너무 빈약해지고 만다.

그러므로 아이의 용돈 기입장을 이용해 계산력을 높여보겠다고 한다면 내용이 좀 더 풍부해지도록 해야 한다. 그리하여 하루에 한 번 용돈 기입장을 정리를 할 때 어느 정도 계산할 내용들이 많도록 해야 한다.

그렇게 하기 위해서는 아이 자신의 수입과 지출을 적는 것은 물론이고, 가족과 관련한 지출 중에서 아이 몫을 떼어내 같이 적어 나가도록 해야 한다.

예컨대 엄마, 아빠, 아이 이렇게 3명의 가족일 경우, 저녁 반찬을 위해 콩나물 1,000원 어치를 샀다고 하자. 그러면 1,000원 중에서 약 $\frac{1}{3}$에 해당하는 300원은 아이가 먹는 몫이라 할 수 있으므로 지출 항목에 표시해야 한다는 것이다.

그리고 아이를 위해 옷이나 책을 사거나, 하다못해 전기료나 수도 요금까지 아이가 직·간접적으로 쓰는 돈을 일정 비율로 떼어내어 용돈 기입장의 지출 항목에 적게 하는 식이다.

이렇게 하면 아이의 용돈 기입장에서 지출 항목에 적어야 하는 내용들이 아주 풍부해진다. 그렇게 되면 저녁마다 엄마와 머리를 맞대고 계산을 해야 할 정도가 되는데, 그 과정을 통해 아이는 저절로 기초적인 계산 훈련을 하게 되는 것이다.

재미있는 것은, 가족 지출 중에서 아이 몫을 떼어내어 지출 항목에 표시를 하다 보면 저절로 퍼센트 개념이나 분수, 소수에 대해 공부하게 되고 자연스럽게 계산도 잘하게 된다는 사실이다.

용돈 기입장을 정확하게 기록하기 위해 분수나 소수 개념을 익히고 실제로 계산을 해본 아이와, 분수와 소수가 어디에 어떻게 쓰이는지도 모른 채 문제집만 풀어댄 아이가 수학에 대한 생각이 같을 수는 없을 것이다.

더 재미있는 것은 가족 지출에서 아이 몫을 떼어내 지출 항목에 적게 되면 아이의 용돈 기입장은 늘 적자가 된다는 사실이다. 그 적자만큼 아이는 부모의 도움을 받고 있는 셈인데, 용돈 기입장을 통해 직접 눈으로 보게 된 아이는 부모에게 무척 고마워하게 된다. 계산력 공부는 물론, 덤으로 경제 관념에 사회성 공부까지 시킬 수 있는 셈이다.

광고지를 이용한 계산력 훈련

용돈 기입장 말고도 기초 계산력 훈련을 재미있게 시킬 수 있는 방법은 너무 많다. 그 가운데 하나가 여기저기 뒹굴어 다니는 광고지들을 이용한 계산력 훈련이다.

아이들은 요란한 색의 광고지를 좋아하는데, 광고지에는 틀림없이 몇 퍼센트 할인이나 몇 개씩 묶어 싸게 판다는 내용이 들어 있기 마련이다. 이런 내용들을 이용해 아이들과 함께 기본적인 덧셈과 뺄셈은 물론 나눗셈과 분수 문제까지 만들어 풀어볼 수 있다.

이렇듯 기초 계산력 훈련은 아이가 생활 속에서 수학의 중요한 쓰임새를 직접 느끼면서 배울 수 있게 해야 한다. 그래야 수학을 왜 공부해야 하는지 깨달을 수 있고, 이것은 궁극적으로 아이에게 강한 학습 동기를 불러일으키기 때문이다.

아이의 집중력이 높은 시간에 수학을 공부하라

　수학 문제는 풀다가 그만두면 다시 처음부터 풀어야 하기 때문에 시작하지 않은 것과 똑같다. 그러므로 한 문제라도 끈기있게 풀어야 하는데, 그렇게 하기 위해서는 강한 집중력이 필요하다. 실제로 수학을 잘하는 아이들은 짧게 공부하더라도 집중력 있게 공부하는 경우가 많다.

　집중력을 키우려면 아이 스스로의 적극적인 노력이 가장 중요하지만, 집중력을 방해하는 것들을 없애주는 것은 바로 엄마의 몫이다.

　하루 종일 거실에 텔레비전을 틀어 놓는다든지, 가족들이 늘 큰 소리로 이야기하는 것들은 아이가 집중해서 공부하는 데 큰 방해가 되는 것들이다.

아이가 공부하는 곳이 어딘가 하는 것도 중요하다. 공부방이 있다면 그 방은 아이가 늘 공부할 수 있는 분위기가 되도록 해주어야 한다. 그런데 현실적으로 보면, 아이의 공부에 대해서는 관심과 열정이 많으면서도 정작 아이의 공부방에 대해서는 크게 신경 쓰지 않는 엄마들이 많다.

아이들 공부방이라고 하는 방은 이름만 공부방이지 대개 이런저런 잡동사니로 가득 차 있기 일쑤고, 아이는 식탁이나 거실 여기저기에서 상을 펴 놓고 공부하는 경우가 많다. 한 마디로 너무나 어수선한 상태에서 공부를 한다는 것이다.

최악의 상황은 거실에서 상을 펴 놓고 공부하는 아이 옆에서 엄마는 텔레비전을 보는 것이다. 그러다가 아이가 텔레비전 소리에 고개를 살짝 돌리기라도 하면 야단을 친다. 이렇게 되어서야 아이가 제대로 공부를 할 수 있을까?

아이가 집중력 있게 공부할 수 있도록 하려면 우선 적당한 환경을 만들어주는 것이 중요하다. 엄마들 중에는 공부방의 벽지나 스탠드의 밝기까지 신경쓰는 경우도 있지만, 그렇게까지는 못하더라도 적어도 아이가 공부할 때 엄마도 책을 읽는다거나 최소한 조용히 해줄 수 있는 정도의 정성은 보여야 한다.

가장 좋은 것은 아이가 공부에만 집중할 수 있도록 따로 공간을 만들어주는 것이다. 구석진 곳을 좋아하는 아이들의 특성을 이용해 책장이나 옷장으로 가려주어 그 공간에서 아이가 편안한 마음으로 공부나 숙제를 할 수 있도록 배려해주면 아이들의 집중력은 훨씬 좋아진다.

수면과 집중력

잠자는 것 역시 집중력과 아주 밀접한 관계가 있다. 사람의 뇌는 잠자는 동안 입력된 정보들을 정리해서 보관하고 새로운 정보를 받아들일 준비를 한다. 그러므로 충분한 잠을 자지 않으면 다음날 원활한 두뇌 활동이 불가능해진다. 초등학생이라면 적어도 하루에 8시간 이상 충분히 잘 수 있도록 배려해야 한다.

그러므로 잠이 오는 아이를 억지로 붙들고 앉아 공부를 시키는 것보다는 잠깐 동안이라도 잠자게 한 뒤 집중해서 공부하게 하는 것이 훨씬 효과적이다. 공부는 얼마나 오랫동안 하느냐보다 얼마나 집중해서 하느냐가 더 중요하기 때문이다.

실제로 하버드 대학에서 학생들을 두 그룹으로 나누어 한 그룹은 8시간 동안 자게 하고, 다른 그룹은 4시간 동안 자게 한 다음 똑같은 난이도의 수학 문제를 풀게 하는 실험을 한 적이 있다.

그 결과 잠을 충분히 잔 그룹의 대학생들이 평균 20점 이상 높은 점수가 나왔다. 이처럼 충분히 잠을 자게 되면 집중력이 높아져 훨씬 더 빠르고 정확하게 문제를 풀 수 있다.

아이의 리듬에 맞추는 학습지도

마지막으로 가장 중요한 것은 아이의 기질을 잘 파악해 공부를 시킬 때 참고해야 한다는 사실이다. 아이가 기질적으로 참을성이 많이 부족한데, 그러한 기질을 무시하고 몇 시간 동안 붙잡아 놓고 공부를 시키게 되면 오히려 역효과가 나기 쉽다. 대신 이런 아이들은 짧게 자주 공부를 시키는 것이 좋다.

또 아이들마다 집중을 잘하는 시간대가 있다. 어떤 아이는 낮에 집중을 잘하고, 어떤 아이는 저녁이나 아침 무렵에 집중을 잘한다. 이런 것들을 잘 파악해 아이가 가장 집중을 잘하는 시간에 수학 공부를 하게 한다면, 수학 실력도 좋아질 것이고 수학을 재미난 과목으로 여기게 될 것이다.

그렇지 않고 가장 집중력이 떨어지는 시간에 계속해서 수학 문제를 풀게 하면 효과도 없을 뿐더러 아이는 수학을 싫어하고 어려운 과목으로 생각하게 되고 만다.

그런데 현실을 들여다보면 많은 엄마들이 아이의 생활 리듬을 무시하고 엄마 자신의 리듬과 편리에 따라 학습 지도를 하는 경우가 많다. 아이는 전혀 공부할 준비가 되어 있지 않은데, 단지 엄마 자신이 여유 있는 시간이라 해서 공부를 강요하거나, 엄마 자신의 심리적 상태가 안정되어 있다고 해서 "같이 공부하자"고 할 때가 많다는 이야기다.

하지만 엄마와 마찬가지로 아이 역시 육체적으로 또 심리적으로 마음의 준비를 해야 공부를 할 수 있다. 밖에서 친구들과 뛰어 놀다가 막 집으로 들어 온 아이에게, 아직 들뜬 기분이 가라앉지도 않았는데 공부하라고 하면 어떤 아이가 집중해서 공부를 할 수 있을까?

그런데도 아이를 굳이 자리에 앉혀 공부를 시키려고 하는 엄마들이 많다. 그리고는 마음은 여전히 밖에서 친구들과 놀고 있는 아이에게 집중해서 공부하지 않는다며 야단을 치고 만다. 아이의 리듬은 전혀 생각하지 않는 전형적인 모습이라고 할 수 있다.

짧은 시간에, 효과적으로 그리고 엄마나 아이 모두가 행복하게 공부하기 위해서는 엄마 자신의 리듬보다는 아이의 리듬에 맞추는 것이 좋다.

아이가 육체적으로나 심리적으로 가장 안정감을 보일 때가 언제인지 관찰해서 그 시간에 공부를 하게 한다면 아이는 짧게 공부해도 집중력 있게 공부할 것이고, 엄마는 훨씬 덜 힘들이고 공부를 시킬 수 있을 것이다.

그렇게 하기 위해서는 엄마는 늘 아이를 관찰해야 한다. 내 아이가 주로 언제 기분이 좋은지, 언제 집중을 잘하는지, 언제 눈이 똘망똘망한지…… 엄마보다 더 좋은 선생님은 없다.

행복한 우등생을 위한 5
부모 역할론

엄마 아빠에게 인정받고 싶어하는 아이들

아이를 변화시키는 칭찬의 기술

우등생들의 필요충분조건, 대화

검사가 아니라 애정어린 학습 점검이 필요하다

우등생과 텔레비전

때론 친구 같은 부모가 되라

엄마 아빠가 공부하는 모습을 보여주라

엄마 아빠에게
인정받고 싶어하는 아이들

　공부든 일이든 애착을 갖고 할 때 더욱 열심히 하게 된다. 그런
데, 애착이란 먼저 강한 동기 유발을 필요로 한다. 일반적으로 어
른들이 공부를 하게 되는 동기는 더 좋은 직장을 구하거나, 승진,
자격 시험 같은 필요성에 의한 것들인 경우가 많다. 이러한 동기
유발 요인에 대한 애착이 크면 클수록 열심히 공부하게 되고 효
과는 더 크게 나타난다.

　그렇다면 초등학교 아이들은 공부에 대한 동기를 어디서 얻을
까? 대부분의 초등학생들은 교사와 학교 친구들의 관계에 큰 영
향을 받는다.

　아이들은 교사와 친구들에게 공부 잘하는 아이로 인정받고 싶

어하는 욕구를 가지고 있다. 그리고 이 욕구가 크면 클수록 공부에 대한 동기가 커지고 그에 따라 열심히 공부하게 된다.

하지만 이것 못지않게 중요한 것이 있는데, '부모'에게 인정받고 싶어하는 아이들의 본능적인 욕구다. 이것은 초등학교 저학년 아이일수록 더 강하게 나타난다. 그러므로 아이들의 경우 공부에 대한 동기 유발과 애착은 근본적으로 가정에서 출발한다는 사실을 엄마들은 알아야 한다.

엄마 아빠를 기쁘게 하기 위해 공부하는 아이들

초등학교 아이들을 상담하다 보면 '엄마 아빠를 기쁘게 해주기 위해 공부한다'고 말하는 아이들이 뜻밖에 많다. 중·고등학생이 되면 이런 말을 하는 아이들이 더 많아지는데, '부모를 기쁘게 해주기 위해'라는 말은 다르게 표현하면 '부모에게 인정받기 위해'라는 말이기도 하다. 그만큼 아이들은 부모에게 칭찬과 인정을 받고 싶어한다.

이처럼 아이의 학습에 대한 동기 유발 요인은 일차적으로 가정에 있고, 가정에서 부모가 아이를 어떻게 대하느냐에 따라 아이의 학습 성취도는 너무나 달라져 버린다.

그런데 우리나라 부모들은 공부와 관련해 아이를 인정하고 칭찬하는 데 무척 인색하다. 성적이 전보다 올라갔어도 충분히 칭찬해주기보다는, 다음에는 더 열심히 해서 좀 더 성적을 올리라고 말한다. 반대로 성적이 나쁠 때는 필요 이상으로 야단을 많이 치고 아이를 비난한다. 하지만 안타깝게도 이것은 아이가 더 열심히 공부할 수 있도록 자극하는 것이 아니라, 겨우 조금 남아 있는 학습 동기 유발의 싹마저 완전히 짓밟아 버리는 것이나 마찬가지다.

야단과 비난으로는 아이를 변화시키지 못한다

아이들은 칭찬과 인정이라는 질 좋은 거름을 먹고 자라는 어린 싹이나 마찬가지다. 그러므로 아이가 노력해서 전보다 조금이라도 잘하게 됐을 때는 아이의 노력에 대해 넘치도록 칭찬을 많이 해주고, 잘못했을 때는 야단치고 비난하는 데 인색해야 한다.

아이가 학교에서 100점을 맞아 엄마에게 칭찬을 받으려고 한걸음에 달려갔는데, "다른 애들도 모두 100점 받은 걸 가지고 뭘 그리 호들갑이냐!"라고 말하기 좋아하는 것이 우리나라 엄마들의 일반적인 모습이다.

한편 거의 모든 아이들이 빵점을 맞은 시험에서 자신의 아이 역시 빵점을 맞고 왔는데, 그 동네에서 유일하게 빵점을 맞지 않은 어떤 아이의 이름을 들먹이며 "누구는 빵점 맞지 않았다는데 넌 왜 그 모양이니?"라고 말하기 좋아하는 것이 보통의 엄마들 모습이다.

엄마들은 이런 말과 행동이 아이를 자극해서 더 열심히 공부하도록 만들 수 있다고 생각해 그렇게 말한다지만, 불행하게도 초등학교 아이들은 엄마의 그 깊은 속뜻을 헤아리기에는 너무 어리다.

칭찬에도 연습이 필요하다

아이를 우등생으로 키우고 싶다면 늘 아이를 인정해주고, 아이가 노력한 것에 대해서는 넘치도록 칭찬을 많이 해주어야 한다. 그리고 야단과 비난은 인색하다 할 정도로 적게 해야 한다.

그러다보면 전교생이 모두 100점 맞은 시험지를 들고 온 아이에게도 마치 자기 아이만 100점을 맞은 것처럼 칭찬하고 인정해주게 되며, 아이가 빵점을 맞아 와도 거의 모든 아이가 빵점을 맞은 것처럼 아이의 상황을 인정해주고 격려와 위로를 해줄 수 있게 된다.

연구실에서 만나는 엄마들에게 나는 늘 칭찬과 격려를 많이 해주라고 말한다. 그러면 엄마들은 '잘 알면서도 안 된다'는 이야기를 많이 한다. 그때 나는 이런 말을 해준다.

"칭찬과 격려는 많이 하고, 비난과 야단은 적게 하는 것은 저절로 되는 것이 아닙니다. 그것은 하나의 습관과도 같아서, 꾸준히 연습해야 하는 것입니다. 오늘부터 당장 아이가 학교에서 돌아오면 칭찬할 것부터 찾아보십시오. 그리고 밤에 잠이 들 때까지 칭찬해줄 것을 찾아보십시오. 그리고 찾으면 그 자리에서 곧바로 칭찬을 해주십시오. 처음에는 칭찬거리보다는 야단거리가 더 많이 눈에 보이고, 칭찬거리를 찾더라도 칭찬하기가 어색할 것입니다. 하지만 그 어색함을 참고 계속 칭찬하다 보면 기술이 늘게 되고, 오래지 않아 엄마의 눈에는 온통 칭찬거리밖에 보이지 않게 될 것입니다. 그때쯤이면 아이는 이미 훌륭하게 바뀌어 있을 것이 틀림없습니다. 세상 모든 사람들에게 인정받는 사람도 자기 엄마에게 인정받지 못한다면, 그는 불행한 사람이 될 테니까요."

아이를 변화시키는 칭찬의 기술

한 학년이 겨우 3개 학급밖에 되지 않는 지방 소도시의 한 중학교 학생들이 해마다 전국 한자 경시대회에서 좋은 성적의 상을 받았다고 한다.

그러자 그 중학교에서 한자를 가르치는 선생님에게 어떻게 가르쳤는지 그 비결을 알려 달라는 전화가 전국에서 걸려 왔다. 그런데 그 선생님의 대답은 다음과 같았다.

"저는 아이들에게 한자를 가르친 것이 아니라 단지 칭찬을 했을 뿐입니다."

그 선생님은 숙제로 내준 열 자 가운데 아홉 자를 못 외우고 겨우 한 자만 외운 아이가 있으면 못 외운 아홉 자에 대해서는 한 마디도 하지 않고, 외운 한 자에 대해 칭찬을 했다고 한다.

그러자 아이들은 선생님의 칭찬을 더 많이 받기 위해 더욱 경쟁적으로 공부를 했고, 그 결과 해마다 전국에서 가장 좋은 성적을 올릴 수 있었던 것이다.

자신감을 갖게 하는 칭찬

칭찬의 힘은 상상 밖으로 크다. 칭찬은 먼저 아이로 하여금 자신감을 갖게 한다. 무슨 일이든 자신감을 가지고 하면 잘할 가능성은 무척 높아진다.

특히 한창 성장기에 있는 초등학교 아이들의 경우, 자신감이 없으면 실수가 잦아져 나중에는 의욕까지 잃어버리는 경우가 많다. 그런데 칭찬을 많이 들으면 자신감이 생겨 사라진 의욕까지 다시 살아나곤 한다.

숙제로 내준 열 자를 다 못 외우고 겨우 한 자만 외워 온 아이에게 왜 아홉 자는 외우지 못했냐고 야단을 치면, 아이는 한자 공부에 대해 더욱 흥미를 잃게 되고 만다.

반대로 못 외운 아홉 자는 놔두고 외운 한 자에 대해 잘했다고 칭찬해주면 아이는 '더 열심히 해서 다음에는 열 자를 모두 외워야지' 하는 생각을 하게 된다.

이것이 칭찬의 힘이다. 아이를 근본적으로 바꿔 놓을 수 있는 원동력인 셈이다.

칭찬받는 대로 자라는 아이들

내가 아는 학생 중에 진우라는 고등학생이 있었다. 그 학생은 열심히 공부해 중학교를 수석으로 졸업한 뒤 명문 고등학교로 진학을 했다. 그런데 고등학교에 가서는 웬일인지 공부를 잘하지 못했다. 나중에 알고 봤더니 칭찬보다는 늘 야단을 맞으며 공부를 했던 것이다.

진우가 간 고등학교는 중학교에서 1, 2등 하던 아이들만 모아놓은 명문 중에서도 명문 고등학교였다. 그러다보니 웬만해서는 잘한다는 소리를 들을 수 없었던 것이다.

중학교 때는 늘 전교에서 1, 2등 하면서 칭찬과 격려 속에서 공부를 했는데, 고등학교에 들어가서는 오히려 공부를 못하는 축에 들었고, 그러다보니 칭찬보다는 야단을 더 많이 맞았던 것이다.

자연히 진우의 실력은 눈에 띄게 떨어졌고, 졸업할 즈음에는 하위 그룹으로 처지고 말았다. 그리고 서울의 중하위권 대학에 겨우 진학할 수 있었다.

반면 진우보다 공부를 훨씬 못했던 민기라는 아이는 아버지의 직장 때문에 시골 고등학교로 진학을 하게 되었다. 그러다보니 중학교 때는 진우보다 훨씬 공부를 못했지만 고등학교에 들어가서는 어렵지 않게 상위 그룹에 속할 수 있었다.

상위 그룹에 속하게 되자 민기는 중학교 때는 받아보지 못했던 칭찬과 격려를 받게 되었다. 그러자 강한 자신감을 갖게 되었고,

공부를 하면 할수록 더 신나기만 했다. 결국 민기는 고등학교를 수석으로 졸업하고, 꿈에 그리던 서울대에 갈 수 있었다.

한 가지만 더 이야기해 보자. 우리나라에 번역 출간된 《19년간의 평화수업》이란 책으로 유명한 콜먼 맥카시는 〈워싱턴 포스트〉에서 30년 동안 칼럼니스트로 활동했다.

콜먼 맥카시는 논리적이고 명쾌한 글쓰기로 미국에서는 물론이고 세계적으로도 유명한데, 학생 시절에는 그렇게 공부를 잘하지 못했다고 한다. 심지어 고등학교 때는 졸업이 위태로울 정도로 점수가 낮았다고 한다.

그러자 그의 담임교사는 콜먼 맥카시를 불러 놓고 그가 가장 잘하는 과목이 무엇인지 함께 살펴보았다. 그런 다음, 그 과목을 집중적으로 지도하면서 다른 부족한 과목의 성적을 보충해 주었다.

콜먼 맥카시가 잘하는 것은 바로 글쓰기였다. 담임교사는 콜먼 맥카시가 가지고 있는 글쓰기 능력을 인정하고, 그의 글에 대해 칭찬과 격려를 아끼지 않았다. 그 결과 고등학교 졸업도 하지 못할 뻔했던 그는 결국 세계에서 가장 칼럼을 잘 쓰는 사람이 될 수 있었다.

훗날 콜먼 맥카시는 그때의 담임선생님을 생각하며 이런 유명한 말을 하기도 했다.

"선생님이 칭찬하신 대로 되었습니다."

아이를 우등생으로 만들기로 마음을 먹었다면 칭찬을 많이 해주어야 한다. 한자를 가르친 그 소도시 선생님처럼, 못하는 아홉 가지에 대해 야단치기보다는 먼저 잘하는 한 가지를 칭찬해주어야 한다. 그렇게 할 때 아이는 못하는 아홉 가지도 잘하기 위해 노력하게 되고, 마침내 칭찬받은 대로 되기 때문이다.

아이를 변화시키는 칭찬의 기술

1. 아이는 칭찬받은 대로 자란다는 것을 명심하라.
2. 칭찬이 습관이 되도록 칭찬거리를 찾는 연습을 하라.
3. 실수를 했을 때도 야단치기보다 격려를 하라.
4. 칭찬할 일이 생겼을 때는 곧바로 칭찬하라.
5. 칭찬을 할 때는 구체적으로 칭찬하라.
6. 여러 사람 앞에서 공개적으로 칭찬하라.
7. 야단을 칠 때는 아무도 없는 곳에서 은밀히 하라.
8. 결과보다는 노력한 과정을 칭찬하라.
9. 마음에서 우러나오는 진실된 마음으로 칭찬하라.
10. 못하는 아홉 가지를 야단치기보다 잘하는 한 가지를 칭찬하라.

우등생들의 필요충분조건, 대화

교육 전문가들은 아이를 우등생으로 키우고 싶으면 아이와 대화를 많이 하라고 충고한다. 어른과의 대화를 통해 아이들은 논리성과 표현력을 배우는데, 그것이 학업 성취도와 밀접하게 연결되기 때문이다.

실제로 한 연구기관에서 서울 시내 명문 고등학교의 상위 1% 우등생들의 공통점을 조사했는데, 그 가운데는 '가족 간의 대화가 많다'는 것이 중요한 공통점으로 들어 있었다.

대화가 자녀의 학업 성취에 미치는 영향은 중·고등학교로 올라갈수록 더 커진다. 그렇다고 중·고등학교에 올라가고 나면 대화를 시작하겠다고 생각하면 잘못이다. 초등학교 때부터 자녀와의 대화를 생활화하지 않으면 중·고등학생이 되어 대화한다는 것은 불가능하기 때문이다. 그러므로 자녀와 대화하는 습관은 한 살이라도 어릴 때 생활화하는 것이 가장 좋다.

아이의 처지를 이해하고 공감하는 대화

아이의 학습 문제로 연구실을 찾아오는 젊은 엄마들에게 가장 많이 해주는 조언이 '아이와 대화하라' 는 것이다. 재미있는 것은 이 말에 대한 가장 많은 반응이 "아이가 대화를 싫어해요"라는 말이다.

그러면 나는 그 엄마가 아이와 어떻게 대화하는지 자세히 물어본다. 그러면 짐작대로 대화라기보다는 일방적으로 아이를 훈계하고 가르치려고 하는 경우가 대부분이다.

대부분의 부모들은 아이와 대화를 하고 싶어한다. 이것은 아이들도 마찬가지다. 아이들 역시 부모와 대화를 하고 싶어한다. 그런데 현실적으로 마주 앉아 이야기를 해보면 대화가 되지 않는 경우가 많다. 이것은 부모와 자식 사이에 공감대가 만들어져 있지 않고, 대화의 방법을 모르기 때문이다.

부모와 자식 사이에 공감대가 없어도 대화가 가능할 때가 있는데, 자식이 아주 어리거나, 반대로 부모가 늙어 노인이 되었을 때다. 그때는 특별한 공감대가 없어도 단지 부모와 자식이라는 관계만 가지고도 대화가 가능하다.

하지만 아이가 초등학교 고학년만 되어도 공감대가 없으면 부모 자식 간이라도 대화가 힘들어진다. 일상적인 생활 점검과 관련한 몇 마디 말을 주고받기만 하면 더 진전시킬 이야기거리가 없기 때문이다.

그렇다면 어떻게 해야 할까? 당연히 공감대를 만들어야 한다. 그렇다면 어떻게 만들어야 할까? 대답은 비교적 간단하다. 아이가 어른이 될 수는 없다. 방법은 부모 자신이 아이가 되는 수밖에 없다.

부모가 아이가 된다는 것은, 아이가 관심을 가지는 것에 부모도 같이 관심을 가지는 것이다. 아이가 좋아하는 만화책을 읽어보고, 아이가 좋아하는 게임을 같이 해보는 것이다. 그렇게 하면 아이와 이야기할 수 있는 공통 관심사들이 생기게 된다. 대화의 물꼬는 이렇게 트는 것이 가장 좋다.

부모와 자식 사이라고 해서 손쉽게 대화할 수 있을 것이라고 생각해서는 안 된다. 아이의 학년이 올라갈수록 점점 어려워지는 것이 대화다. 그러므로 아이와 효과적이고도 진솔한 대화를 하기 위해서는 끊임없이 아이의 말과 행동을 관찰하고, 아이의 관심사가 무엇인지 늘 생각해야 한다. 그래야만 아이는 마음을 열고 부모에게 다가오게 된다.

또한 대화는 자기의 의견을 표현하는 것이다. 집에서 가족끼리 대화와 토론을 많이 하는 아이는 학교에 가서도 자신의 생각을 조리있게 잘 표현한다. 반대로 집에서 가족끼리의 대화와 토론 경험이 부족한 아이들은 학교나 친구 관계에서도 대화와 토론이 서툰 경우가 많다.

아이들은 대화와 토론을 통해 자신이 알고 있던 내용들을 논리적으로 정리할 수 있는 기회를 갖는다. 또 알고는 있지만 정확하게 정리하지 못한 것들도 대화를 통해 일목요연하게 정리하는 경우가 많다. 대화를 많이 하는 아이가 공부를 잘하는 까닭이 바로 여기에 있다.

검사가 **아니라**
애정어린 **학습** **점검**이 필요하다

　엄마들은 아이의 공부에 무척 관심이 많다. 그런데 정작 아이가 무슨 공부를 어떻게 하는지는 전혀 모르는 경우가 많다. 아이의 '공부'에 관심이 많다기보다 '성적'에 관심이 많다는 것을 단적으로 보여주는 모습이라 할 수 있다.

　아이의 입장에서는 엄마의 이런 태도가 무척 불만일 수 있다. 때로는 공부는 열심히 했는데 시험을 못볼 수도 있기 때문이다. 그런데도 엄마는 얼마나 열심히 공부를 했는지는 전혀 알아주지 않고 낮은 시험 점수만 가지고 야단을 친다면 아이는 정말 억울하고 속상할 것이다. 더구나 정말 열심히 공부를 했는데, 순간적인 착각이나 실수로 시험을 못봤다면 더욱 속상할 것이다.

만약 그렇다면, 엄마는 아이를 야단칠 것이 아니라 위로해주고 함께 속상해해야 한다. 그런데 엄마들의 일반적인 모습은 그렇지 못한 경우가 많다. 이것은 아이의 학습이 아니라 성적에 관심을 더 많이 가지는 것의 부작용이라 할 수 있다.

학습 감독자보다 동반자가 되어야 한다

엄마는 아이의 학습 감독자가 되어서는 안 된다. 대신 아이가 공부라는 무거운 짐을 지고 힘든 길을 걸어가는 동안 아이의 좋은 동반자가 되어야 한다.

실제로 서울대나 외국 명문 대학에 우수한 성적으로 입학한 아이들 뒤에는 학습의 든든한 동반자가 되어준 엄마들이 많다. 이들 엄마들은 다양한 학습 정보를 수집해 직접적으로 아이의 학습에 영향을 미치기도 하지만, 많은 경우 아이가 더 열심히 할 수 있도록 격려와 관심을 기울이는 방법으로 아이의 학습을 도와준다.

"아이가 뭘 공부하는지 아십니까? 오늘 당장 무엇을 어떻게 공부하는지 관심을 가지십시오. 그리고 칭찬하고 격려하십시오. 한 달 뒤 아이는 우등생이 되어 있을 것입니다."

이 말은 아이가 공부를 못해 고민이라며 내 연구실을 찾아오는 엄마들에게 늘 하는 말이다. 아이들에게 어떤 대단한 것을 가르치려 하기보다 애정과 신뢰를 가지고 아이의 학습 과정을 지켜봐 주는 것이 아이를 위한 가장 훌륭한 학습 교육이다.

엄마들 가운데는 아이의 학습 과정을 점검해 보고서야 아이가 학교나 학원에서 무엇을, 어떻게 공부하는지 알았다며 크게 놀라는 경우가 많다. 더구나 수업 시간에 꼭 필요한 준비물을 챙겨 주지 않은 적도 많다는 사실을 알게 되기도 한다.

엄마의 작은 관심이 아이를 크게 변화시킨다

공부를 못하는 아이도 실력 있는 과외 교사에게 맡기거나 유명 학원에 보내 공부를 시키면 어느 정도 실력이 좋아지는 경우가 있다. 이런 모습을 보고 너도 나도 아이들을 학원에 보내고 과외를 시키는 것이 요즘 사회의 모습이다. 하지만 정작 그 이면에 숨어 있는 우등생 엄마들의 피나는 노력은 잘 모르는 경우가 많다.

상담을 하러 온 엄마에게 "하루에 10분이라도 반드시 학습 점검을 해주십시오"라고 말하면 "그런 거 점검해주는 학원은 없나요?"라고 묻는 엄마들이 꽤 많다. 이런 엄마들은 점검 그 자체보다 '엄마가 해주는 점검'의 중요함과 소중함을 모르는 것이다.

마치 부모와 아이가 함께 어울려 고궁을 가고, 미술관이나 전시회를 가서 이런 저런 대화를 통해 다양한 지식과 생각의 폭을 넓히는 것이 중요한데, 그저 돈을 주고 이런저런 체험학습 프로그램에 무조건 아이를 맡겨버리는 엄마들과 똑같다고나 할까?

체험 자체도 중요하지만 아이들에게는 '누구와 함께하는' 체험인가 하는 것이 더 중요하다. 당연히 부모와 함께할 때 아이들의 학습 효과는 걷잡을 수 없이 높아진다는 사실을 알아야 한다. 이것이 부모의 힘이다.

하루에 단 10분이라도 아이가 학교에서 무엇을 어떻게 배우는지 관심을 갖고 점검해주자. 감독이나 감시가 아니라 그야말로 아이의 학습에 애정어린 관심을 가지는 시간을 가져보자. 엄마가 자신이 배우는 것에 관심을 갖고 있다는 사실을 아는 순간, 아이는 기뻐하고 더 열심히 공부하려는 의욕을 갖게 될 것이다.

우등생과 텔레비전

    우리나라 사람들이 평일 하루 동안 텔레비전을 보는 시간은 평균 2시간 24분이라고 한다. 토요일과 일요일은 더욱 늘어나 각각 2시간 52분과 3시간 46분이라는 통계가 있다. 참으로 많은 시간을 텔레비전 앞에서 보내고 있는 셈이다.

    20세기 중반 텔레비전 방송이 상용화되기 시작하자 세계의 많은 지식인들은 '텔레비전이 금세기 인류에게 가장 커다란 골칫거리가 될 것이다' 는 말을 하면서 걱정을 했다. 텔레비전 앞에서 한없이 수동적이 되어 가는 사람들의 모습을 보면서, 텔레비전이 마약과 같이 중독성이 강하다는 것을 미리 알아차렸던 것이다.

이런 걱정은 50년이 지난 지금 현실로 드러나고 있다. 많은 사람들이 텔레비전을 보면서 귀중한 시간을 헛되이 버리는 것은 둘째치고, 좋은 정보를 제공해준다고 하는 텔레비전에서 사람들은 엉뚱하게도 나쁜 것을 배우고, 그것을 범죄로 현실화시키기도 한다.

이 때문에 최근 들어 텔레비전의 기능에 대해 다시 한번 진지하게 고민하는 부모들이 늘어나고 있다. 이런 부모들 중에는 텔레비전 시청 계획안을 만들어 아이들과 함께 좋은 프로그램만 골라 보기 위해 애쓰기도 한다.

골칫거리 텔레비전을 바꿔주는 '텔레비전 시청 계획표'

최근 젊은 부모들을 중심으로 활발하게 퍼져나가고 있는 것이 텔레비전 시청 계획표를 짠 뒤 그 계획표에 따라 텔레비전을 보는 것이다.

이들 젊은 부모들에 따르면 텔레비전 시청 계획표를 짠 뒤부터는 습관적으로 텔레비전을 켜거나, 아무도 보는 사람이 없는데 거실에 저 홀로 텔레비전이 켜져 있는 경우가 없어졌다고 한다.

계획을 세워 텔레비전을 보려면 부모가 조금은 부지런해져야 한다. 신문이나 인터넷을 통해 여러 프로그램에 대한 정보를 미리 얻어야 하기 때문이다. 그래야만 효과적이고 유익한 계획표를 짤 수 있다.

막연히 '몇 시부터 몇 시까지만 보고 그 뒤부터는 안 돼' 하는 식의 텔레비전 시청 지도는 큰 설득력이 없다. 밤늦은 시각에 하는 것이라도 아이가 꼭 봐야 할 프로그램이라면 같이 볼 수도 있어야 하기 때문이다.

텔레비전 시청 계획표를 짤 때는 반드시 아이와 함께 해야 한다. 각자 꼭 보고 싶은 프로그램을 정해 시청 계획표에 표시하고, 그 시간만큼은 편안하고 자유롭게 볼 수 있도록 배려해야 한다.

다만 아이가 보고 싶어하는 프로그램이 있을 때 부모는 그 프로그램에 대한 정보를 어느 정도 준비해 아이들에게 설명해줄 수 있어야 한다. 그리하여 꼭 봐야 할 필요성이나 중요성이 있는지에 대해 함께 의논한 뒤 볼 것인지 아닌지를 결정해야 한다. 이런 과정을 거쳐 1주일 동안의 시청 계획표를 만든 다음, 온가족이 볼 수 있도록 큰 종이에 깨끗하게 적어 텔레비전 앞에 붙여두면 된다.

계획표에 따라 텔레비전을 보게 되면 필요 없는 프로그램을 보느라 시간을 낭비하는 일도 없어지고, 반대로 반드시 봐야 할 프로그램을 못 보고 지나치는 경우도 없어진다. 더구나 온 가족이 함께 계획적으로 텔레비전을 볼 수 있는 기회도 많아져 그야말로 텔레비전으로 인해 가족간의 대화도 늘어나고 더욱 화목해지기까지 할 수 있다.

공부하고 텔레비전 봐!

우리나라 엄마들이 저지르는 가장 잘못된 텔레비전 시청 지도가 "공부하고 나서 텔레비전 봐"하는 말이다. 무엇을 하고 난 뒤, 또는 어떻게 하면 그에 대한 보상으로 텔레비전을 보게 해주겠다는 식의 시청 지도는 아이들을 평생 텔레비전의 노예로 만들어 버리는 출발점이다.

어릴 때부터 보상의 한 가지로 텔레비전 보는 것을 허락하는 상황이 계속 되풀이되면 아이는 무의식중에 '텔레비전은 무조건 재미난 것이다'는 생각을 갖게 된다.

이것은 '재미난 것이기 때문에 무조건 봐야 하고, 보지 않으면 손해'라는 생각으로 발전하게 된다. 그러다보니 기회가 있을 때마다 보려고 하고, 엄마의 통제가 사라지는 성인이 되면 아무런 제약도 받지 않는 채 하루 종일 텔레비전을 보게 되는 것이다.

아이들에게 텔레비전 시청 지도를 할 때는 어릴 때부터 정확한 목적을 갖고 텔레비전을 보도록 해야 한다. 그렇게 하기 위해서는 아이가 어떤 프로그램을 보고 싶다고 할 때 끊임없이 '왜?'라는 질문을 해야 한다. "왜 그 프로그램이 보고 싶니?"라고 말이다.

어릴 때부터 이런 과정을 되풀이하게 되면 아이는 텔레비전 보는 것을 스스로 통제할 힘을 갖게 되고, 프로그램을 보는 안목도 높아지게 된다. 그렇게 되면 중·고등학교에 올라가도 분별없이 텔레비전을 보는 일은 생기지 않는다.

서울대학교에서 서울 시내 명문 고등학교의 상위 1% 학생들의 생활 습관을 조사한 적이 있다. 이들 학생들의 생활 습관에는 비슷한 것이 무척 많았는데, 그 가운데 가장 많은 학생들이 답한 것이 '텔레비전을 보지 않는다' 는 항목이었다고 한다.

상위 1% 고등학생들의 7가지 습관

한 대학에서 서울 시내 50개 고등학교 1, 2학년 학생 가운데 상위 1% 학생들을 대상으로 특징적인 습관을 조사한 적이 있다. 그 결과 다음과 같은 7가지 공통된 습관을 가지고 있는 것으로 나타났다.

1. 텔레비전을 보지 않는다.
2. 반드시 아침을 먹는다.
3. 아침마다 신문을 읽는다.
4. 잠을 충분히 잔다.
5. 가족 간에 대화를 많이 한다.
6. 책을 많이 읽는다.
7. 복습보다 예습 중심으로 공부한다.

때론 친구 같은 부모가 되라

　가끔 아버지가 아이의 학습 문제를 상담해오는 경우가 있다. 그런 아버지에게 해주곤 하는 이야기가 있다. 2002년도에 우수한 성적으로 서울대에 합격한 김근태 군의 이야기다.

　김근태 군이 아버지 손에 이끌려 내 연구실에 왔던 것은 중학교 2학년 때다. 그때 근태 군은 스타크래프트라는 컴퓨터 게임에 푹 빠져 있었다. 초등학교 때까지만 해도 공부를 잘하던 아이였는데, 중학생이 되어 컴퓨터 게임에 빠지면서 성적이 곤두박질 쳤던 것이다.

　이 때문에 집안도 풍비박산 나고 말았다고 한다. 아이의 게임 문제로 부부 싸움이 잦아지다 보니 집안에 늘 불화가 생기고, 그

때문에 집안 분위기도 망가질 대로 망가져 버렸던 것이다.

집에서 게임을 못하게 되자 근태 군은 피시방을 돌아다니며 게임을 했다. 어떤 날은 밤새도록 게임을 하느라 집에 들어오지도 않았다. 아버지는 아이에게 협박도 해보고 때려도 보았지만 아무 소용이 없었다고 했다.

그렇게 부모와 아이 모두 힘들어하고 있던 그때, 근태 군과 아버지를 만나게 되었다. 아버지는 아이를 도저히 이해할 수 없다고 했다. 근태 군 역시 자기를 이해해주지 못하는 부모를 원망하고 있었다.

아들을 이해하기 위해 컴퓨터 게임을 배우다

나는 먼저 근태 군의 아버지와 상담을 하면서 아이가 좋아하는 스타크래프트 게임이 무엇인지 물어보았다. 아버지는 잘 모르고 있었다. 단지 싸우고 죽이는, 좋지 않은 게임이라는 정도만 알고 있었다.

나는 근태 군의 아버지에게 아이를 이해하기 위해서든, 아이와 싸워 이기기 위해서든, 아이가 좋아하는 스타크래프트가 무엇인지 배워보는 게 어떻겠냐고 말해주었다. 근태 군의 아버지는 뜻밖의 말에 깜짝 놀라했다.

근태 군의 아버지는 그날부터 당장 스타크래프트를 배우기 시작했다. 게임은 생각보다 복잡하고 알아야 할 것들이 무척 많았다.

적절한 무기 사용법을 익히는 데도 보름 이상이 걸렸다고 했다.

하지만 게임의 어려움은 그 다음부터였다. 주어진 에너지로 어떤 무기를 먼저 만들지 판단하고, 병력을 어떻게 배치하고, 어떻게 전략을 짜느냐에 따라 게임의 양상이 무척 달라졌기 때문이다. 한 마디로 머리를 쓰지 않으면 할 수 없는 그런 게임이었던 것이다.

스타크래프트를 배워가면서 근태 군의 아버지는 아이가 왜 그 게임을 좋아하는지 조금씩 알게 되었다. 그리고 자기 자신도 그 게임을 좋아하고 즐기고 있다는 사실을 발견하게 되었다. 그러자 그때까지 전혀 이해할 수 없었던 아들의 말과 행동들이 조금씩 이해가기 시작했다. 그리고 그토록 밉게만 보이던 아들의 여러 행동들이 충분히 그럴 수 있다는 쪽으로 생각되기 시작했다.

그즈음, 근태 군도 아버지가 자신을 이해하기 위해 스타크래프트를 배우고 있다는 사실을 알게 되었다. 그 사실을 알게 된 것만으로도 아들은 아버지와 심리적으로 많이 가까워졌다는 느낌을 받았다고 했다.

마침내 아버지는 아들에게 스타크래프트 게임을 더 잘할 수 있는 여러 가지 '비법'들을 물어보기 시작했고, 아들은 신이 나서 아버지에게 가르쳐주었다. 갈등의 원인이 되었던 스타크래프트가 이제는 아들과 아버지가 소통할 수 있는 재미있고 즐거운 도구로 바뀐 것이다.

부모가 조금만 다가가도 아이는 크게 바뀐다

근태 군은 더 이상 게임을 하기 위해 집을 나가 피시방을 돌아다닐 필요가 없어졌다. 게임을 하고 싶으면 집에서 아버지와 할 수 있었기 때문이다. 아들과 게임을 하기 위해 아버지는 컴퓨터를 한 대 더 사기까지 했다. 그리고 아버지 역시 아들의 게임 파트너가 되는 것을 좋아했다.

많은 부모들이 자녀와의 관계 문제로 고민을 한다. 말이 통하지 않는다며 아이들이 부모와의 대화를 거부할 때마다 부모들은 힘들어지기 마련이다.

하지만 그럴 때일수록 먼저 부모 자신이 반성해야 한다. 아이들이 부모 마음을 이해해주기만을 바라지 말고, 부모가 먼저 아이의 마음을 이해해주려고 노력해야 한다. 그러려면 아이들의 말이나 행동, 좋아하는 것을 직접 체험해 보려는 노력도 마다하지 않아야 할 것이다.

자녀와 대화가 잘 통하고 친구처럼 지내는 부모들은 이와 같은 노력을 하는 사람들이다. 자녀와의 좋은 관계 형성은 부모 자식 간이라는 이유만으로 저절로 만들어지는 것이 결코 아니기 때문이다.

엄마 아빠가
공부하는 모습을 보여주라

초등학교 아이들은 분위기에 따라 학습 효과가 크게 달라진다. 마음이 편하고 기분이 좋은 상태에서 공부할 때는 집중력도 오래 가고 이해력도 빨라지지만 어수선한 분위기에서 공부를 할 때는 좀체 집중하지 못하고 이해력과 판단력도 심하게 떨어져 버린다. 그러므로 아이를 우등생으로 키우기 위해서는 늘 집안 분위기를 안정적이고 편안하게 만들어줄 필요가 있다.

편안하고 안정적인 집안 분위기 못지않게 늘 공부하는 분위기를 만들어주는 것도 무척 중요하다. 우리나라 엄마들은 자신은 전혀 공부하지 않으면서 아이들에게만 공부하라고 잔소리하는 경우가 많다.

이런 경우, 엄마의 이야기에 권위가 없기 때문에 설득력이 떨어지고 만다. 실제로 초등 고학년이 되면 "엄마는 공부 안 하잖아!"라는 말로 엄마를 무안하게 만들기도 한다.

공부하라는 엄마의 말이 권위를 가지기 위해서는 먼저 엄마 자신이 공부하는 모습을 보여야 한다. 그렇게 되면 아이들은 공부하라고 잔소리하지 않아도 공부를 하기 마련이다.

자식의 성공은 부모하기 나름

미국에서 가장 성공한 한국 사람으로 손꼽히는 고홍주 예일 대학교 법대 학장의 경우를 보면 집안 분위기가 한 사람의 일생에 미치는 영향이 얼마나 큰지 잘 알 수 있다.

고홍주 씨의 부모는 6남매를 늘 새벽 2시에 깨웠다고 한다. 그리고는 그때부터 온 식구가 커다란 책상에 둘러 앉아 함께 공부를 했다고 한다.

고홍주 씨의 부모는 새벽에 1시간 공부하는 것이 오후에 몇 시간 공부하는 것보다 더 효과적이라는 생각을 가지고 있었다. 그래서 자녀들에게 '일찍 자고, 일찍 일어나 공부하라'는 단 하나의 원칙만 지키게 하고 나머지 시간은 자유롭게 쓸 수 있게 했다고 한다. 그러다보니 6남매 모두 9시 무렵이면 잠자리에 들고 새벽 2시에 일어나 공부하는 것이 몸에 뱄던 것이다.

이런 열성 덕분에 6남매는 모두 학문적으로 크게 성공할 수 있었다. 큰딸은 중앙대학교 화학과 교수로 있고, 큰아들은 보스턴 대학교 의대 교수를 거쳐 매사추세츠 주 보건장관이 되었으며, 둘째 아들은 MIT 의대를 거쳐 매사추세츠 주립대학 교수, 둘째 딸은 예일 대학 법대 교수, 넷째 아들은 화가이면서 저술가가 되었다.

  '초등학교 성적표는 부모 성적표다'는 말이 있다. 요즘 이 말은 엄마가 얼마나 열심히 돌아다니며 좋은 학원과 과외 교사를 찾아 아이와 연결시켜 주고, 각종 학습 정보를 토대로 아이를 잘 보좌해주는가 하는 것을 뜻하는 말이 되고 말았다. 하지만 원래의 의미는 엄마 자신이 공부하는 모습을 보여주지 않는다면 아이가 우등생이 되기는 너무나 힘들다는 것이다.

  무엇보다 초등학교 저학년 아이들에게는 공부하는 부모의 모습이 절대적으로 영향을 끼친다. 고홍주 씨 형제들이 하나같이 학문적으로 크게 성공한 까닭도 어릴 때부터 부모님이 공부하는 모습을 보면서 자랐기 때문이다.

공부하는 엄마, 공부하는 아이들

  아이들의 성장 과정이란 부모의 행동과 말을 따라하고 흉내 내는 과정이나 마찬가지다. 실제로 아이들은 엄마의 말과 행동을 그대로 따라하고 흉내를 낸다. 그렇다면 공부하는 아이로 만드는 방법은 너무나 쉽지 않을까? 늘 공부하는 모습을 보여주기만 하면 되기 때문이다.

내 주변에는 아이에게 수학을 가르치려고 수학 공부를 하다가 학원 강사가 된 엄마도 있고, 독후감 쓰기를 지도하다가 독서 지도사가 된 엄마도 있다.

아이를 가르치려고 한 수학 공부가 수학 강사가 될 수 있을 정도로 실력이 늘어났다면, 그 엄마한테 배운 아이의 수학 실력은 보지 않아도 알 수 있을 것이다. 이처럼 공부하는 엄마 밑에 공부 잘하는 아이가 있기 마련이다.

아이를 우등생으로 만들기 위해서는 집안을 늘 공부하는 분위기로 만들고, 부모 자신부터 열심히 공부해야 한다. 이것이야말로 아이를 가장 빠르게 우등생으로 만드는 방법이다.